Souverän präsentieren – Die erste
Botschaft bist Du

Springer Nature More Media App

Videos und mehr mit einem „Klick" kostenlos aufs Smartphone und Tablet

Kostenlos downloaden

- Dieses Buch enthält zusätzliches Onlinematerial, auf welches Sie mit der Springer Nature More Media App zugreifen können.*

- Achten Sie dafür im Buch auf Abbildungen, die mit dem Play Button ⊙ markiert sind.

- Springer Nature More Media App aus einem der App Stores (Apple oder Google) laden und öffnen.

- Mit dem Smartphone die Abbildungen mit dem Play Button ⊙ scannen und los gehts.

*Bei den über die App angebotenen Zusatzmaterialien handelt es sich um digitales Anschauungsmaterial und sonstige Informationen, die die Inhalte dieses Buches ergänzen. Zum Zeitpunkt der Veröffentlichung des Buches waren sämtliche Zusatzmaterialien über die App abrufbar. Da die Zusatzmaterialien jedoch nicht ausschließlich über verlagseigene Server bereitgestellt werden, sondern zum Teil auch Verweise auf von Dritten bereitgestellte Inhalte aufgenommen wurden, kann nicht ausgeschlossen werden, dass einzelne Zusatzmaterialien zu einem späteren Zeitpunkt nicht mehr oder nicht mehr in der ursprünglichen Form abrufbar sind.

Dominik Umberto Schott

Souverän präsentieren – Die erste Botschaft bist Du

Wie Sie Körpersprache authentisch und wirkungsvoll einsetzen

2., überarbeitete und erweiterte Auflage

 Springer Gabler

Dominik Umberto Schott
München, Deutschland

Die Online-Version des Buches enthält digitales Zusatzmaterial, das durch ein Play-Symbol gekennzeichnet ist. Die Dateien können von Lesern des gedruckten Buches mittels der kostenlosen Springer Nature „More Media" App angesehen werden. Die App ist in den relevanten App-Stores erhältlich und ermöglicht es, das entsprechend gekennzeichnete Zusatzmaterial mit einem mobilen Endgerät zu öffnen.

ISBN 978-3-658-30659-5   ISBN 978-3-658-30660-1 (eBook)
https://doi.org/10.1007/978-3-658-30660-1

Die Deutsche Nationalbibliothek verzeichnet diese Publikation in der Deutschen Nationalbibliografie; detaillierte bibliografische Daten sind im Internet über http://dnb.d-nb.de abrufbar.

Springer Gabler
© Springer Fachmedien Wiesbaden GmbH, ein Teil von Springer Nature 2019, 2021

Springer Gabler ist ein Imprint der eingetragenen Gesellschaft Springer Fachmedien Wiesbaden GmbH und ist ein Teil von Springer Nature.
Die Anschrift der Gesellschaft ist: Abraham-Lincoln-Str. 46, 65189 Wiesbaden, Germany

Geleitwort

Ich gestehe es mir ja nur ungern ein, aber er ist besser als ich. Von Körpersprache verstehe ich nur wenig. Er hat das drauf. Weiß genau, was er mit seinen Händen tut, spielt mit seiner beneidenswert wohlklingenden Stimme, zappelt nicht rum. Wohlmeinende Menschen sagen mir, meine Vorträge seien dennoch im Rahmen des Erträglichen, vielleicht sogar gut, manche sagen genial. Danke für die Blumen. Aber wenn ich Dominik Umberto Schott auf der Bühne erlebe, bohrt sich vorübergehend ein unangenehmer Gedanke in mein System: Was wäre alles möglich gewesen, wenn ich diese Ausdrucksmöglichkeiten gehabt hätte? Wäre, hätte, Fahrradkette. Tod dem Zweifel!

Was Dominik und mich verbindet: Wir haben beide Kindheitsjahre in Freising verbracht. Wir waren bzw. sind beide Dale Carnegie Trainer und Überzeugungstäter. Wir sind beide Anzünder, die sich freuen, wenn sie andere dazu inspirieren können, mal den bisherigen Weg zu verlassen und etwas Neues auszuprobieren. Bei ihm geht es um die Art, wie wir kommunizieren und über unsere Ideen sprechen, genauer gesagt um Körpersprache und Storytelling. Darin ist er nach 30 Jahren auf der Bühne, vor Kamera und Mikrofon, mit Fug und Recht Experte.

Dominik weiß, wie man Worten mehr Wirkung verleiht – durch wohlgesetzte Pausen, aber auch indem man sein Herz etwas mehr auf der

Zunge trägt, als das die meisten Menschen tun mit ihrem pseudorationalen Sicherheitsdenken in der Business-Welt. Er ist ein meisterhafter Geschichtenerzähler. Als Experte für Chancenintelligenz darf ich Sie beglückwünschen: Dieses Buch ist eine Chance für Ihre Botschaft. Und dass Sie es jetzt lesen, ist ein Zeichen Ihrer Intelligenz. Sie werden als Redner und Kommunikator wachsen dank der Tipps eines Medien- und Bühnenprofis, der sich mehrmals in seinem Leben erfolgreich neu erfunden hat. Ich habe ihn im Verdacht, ein Glückskind zu sein.

Mastershausen, Deutschland   Hermann Scherer
Oktober 2018

Danksagung

Danke allen Kollegen, von denen ich gelernt oder etwas Kluges aufgeschnappt habe: Thor Olafsson, Frank Rebmann, Andreas Iffland, Karsten Stölzgen, Hans Reitz, Avner Eisenberg, Silvia B. Pitz, Nikolai A. Behr, Georg von Stein, Armin Vollmer, Kathie Kleff uva. Danke auch den Autoren-Freunden, die mir während der Entstehung des Manuskripts wertvolle Tipps gegeben haben: Gunther Schnatmann, Günni Keil und Gunna Wendt. Zuletzt danke ich meinem großartigen Gesangslehrer Felix Rolke sowie meinen früheren Chefs und Mentoren Helmut Markwort und Thomas Gottschalk.

Einleitung

Mein Friseur und ich haben etwas gemeinsam: Wir machen beide etwas beruflich auf hohem Niveau, das grundsätzlich jeder kann. Jeder kann sprechen. Und jeder kann mit einer Schere hantieren. Schon Kindergartenkinder können beides. Aber von denen würden wir uns nicht die Haare schneiden lassen. Ein Erwachsener könnte mit der Schere bluffen – ein bisschen schnipp und schnapp mit sicherem Schwung. Nur Profis erkennen, dass ein Dilettant am Werk ist. Für das ungeübte Auge wäre der Unterschied erst zu erkennen, wenn der Haarschnitt fertig ist und keine Proportion stimmt. Wenn ich als Moderator auf der Bühne stehe, mache ich augenscheinlich nichts Geheimnisvolles. Ich spreche in ein Mikrofon. Jeder könnte das auf Anhieb. Nur wird es bei allen, die das nicht gelernt haben, nicht so wirken wie gewünscht. Es gibt Berufe, da wird die Qualität erst im Ergebnis deutlich, nicht im Prozess.

Sprechen kann jeder. Wir haben es als kleines Kind gelernt und wenden es seitdem täglich an. Erwachsene sprechen laut einer Studie des deutschen Psychologen Matthias Mehl von der University of Arizona in Tucson im Schnitt etwa 16.000 Wörter pro Tag – Frauen übrigens kaum mehr als Männer (Mehl et al. 2007). Wir sind Routiniers – aber keine Experten. Denn vor allem unsere Körpersprache – wie wir Stimme, Mimik und Gestik einsetzen – läuft meist unbewusst ab. Und unterstützt, was wir sagen – oder eben nicht.

Warum haben manche Charisma und andere nicht?
Warum hören wir dem einen fasziniert zu und bei anderen können wir
uns schon nach wenigen Minuten nicht mehr erinnern, worüber sie gesprochen haben? Ein Stück weit mag das angeboren oder früh erworben
sein. Manchen hilft ihr Aussehen. Attraktive Menschen bekommen mehr
Aufmerksamkeit. Hochgewachsene Menschen sind sichtbarer. Auch hören wir eine wohlklingende Stimme lieber als eine krächzende. Aber es
gibt auch hässliche Charismatiker ohne Gardemaß. Also: Woran machen
wir fest, dass jemand Ausstrahlung oder Präsenz hat? Was auch immer da
von innen herausstrahlt- wir sehen oder hören es im Außen.

Die Rotröcke kommen!

Paul Revere kennt in den USA jedes Schulkind. Er steht als Held des ameri-
kanischen Unabhängigkeitskrieges in den Geschichtsbüchern. Nach der
Boston Tea Party erfuhr er am Hafen, dass sich britische Soldaten darauf
vorbereiteten, die rebellischen Kolonisten in den umliegenden Dörfern zu
entwaffnen. Der Silberschmied Revere und zwei andere Männer ritten von
Boston aus in Richtung Lexington und warnten ihre Landsleute. Alle drei
wurden gefasst und kamen vorübergehend in Gewahrsam. Doch dort, wo
Revere entlang geritten war, hatten die Unabhängigkeitskämpfer tatsächlich ihre Waffen versteckt. Die anderen beiden Männer waren – mit der
gleichen Warnung – weniger erfolgreich. Von Paul Revere stehen in Boston
zwei große Reiterstatuen. Die anderen beiden Männer sind vergessen. Gleiche Botschaft, sehr unterschiedliche Wirkung. Es muss am Absender liegen.
Wir wissen nicht, was Paul Revere anders gemacht hat. Vielleicht hatte er
eine Donnerstimme, vielleicht war seine Gestik eindringlicher. Offenbar
war sein Auftreten überzeugender. Können wir das lernen?

Die Frage lautet eher: Wie konnten wir das nur *ver*lernen? Als Kinder
haben wir lebendig erzählt und dabei Grimassen gemacht, mit Händen
und Füßen geredet, waren laut und leise, haben uns facettenreich und
originell ausgedrückt. Doch im Laufe der Jahre haben wir immer wieder
negatives Feedback zu unserer Körpersprache bekommen. „Schrei nicht
so!" – „Kannst du mal still sitzen?" – „Mund zu!" – „Setz dich ordentlich
hin!" Wir haben verinnerlicht: Erwachsene setzen weniger Körpersprache
ein. Pokerface. Bloß nicht zu viel Emotion zeigen. Ganz im Ernst.

Der gestische Ausdruck ist geschrumpft, der Wortschatz ist gewachsen. Unsere Kommunikation ist „kopfiger" geworden. Wir wurden stärker im Inhalt, aber teils schwächer in der Wirkung. „I have a dream!" rief Martin Luther King in seiner berühmten Rede – übrigens spontan abweichend von seinem vorbereiteten Manuskript. Jeder kennt diese vier Worte. Worte können die Welt verändern. Aber nur, wenn die Welt zuhört.

> Aufmerksamkeit ist das meist umkämpfte Gut unserer Zeit.

Dieses Buch ist für alle geschrieben, die etwas zu sagen haben und sich ein paar Münzen der wertvollsten Währung der Welt verdienen wollen: Aufmerksamkeit.

In diesen Seiten steckt die Erfahrung aus tausenden Live-Sendungen und Bühnen-Moderationen, Vorträgen und Seminaren. Im ersten Teil werden ein paar Pflöcke eingerammt. Was ist eine Präsentation, woraus besteht sie, wie greifen Inhalt, Struktur und Vortragsweise ineinander? Wir lernen die vier wichtigsten Drehschrauben der Körpersprache kennen. Dann geht es um das große Thema Authentizität. Alle wollen besser werden, aber zugleich auch sie selbst bleiben. Wie können wir diesen Widerspruch auflösen und unsere Wirkung erhöhen, ohne wie schlechte Schauspieler zu wirken? Was muss man tun, um authentisch zu wirken? Die naheliegende Antwort könnte lauten: Am besten gar nichts. Aber ganz so einfach ist es dann doch nicht.

Im Mittelteil geht es um Vorbereitung und Dramaturgie. Wie strukturiere ich mein Material, wie fange ich an, wie baue ich Spannung auf? Und warum sollte ich auch in einem geschäftlichen Kontext Geschichten erzählen und Emotionen zeigen? Im letzten Drittel finden wir heraus, warum fast alle Menschen Lampenfieber kennen und wie wir mit Nervosität umgehen können. Ein weiteres Kapitel ist der Moderation gewidmet. Worauf sollten wir achten, wenn wir in die Verlegenheit kommen, eine Veranstaltung oder andere Redner anzukündigen? Frisch ergänzt in dieser zweiten Auflage ist ein Kapitel über Körpersprache und Präsentation in virtuellen Meetings. Wir sind schließlich alle immer mehr online im Gespräch.

Zuletzt kommen wir dem Geheimnis aller wirklich guten Redner auf die Spur: Sie sind auf Augenhöhe mit ihren Zuhörern und stellen eine starke Verbindung zum Publikum her. Das macht übrigens auch mein Friseur, bevor er Hand anlegt.

Literatur

Mehl MR, Vazire S, Ramírez-Esparza N, Slatcher RB, Pennebaker JW (2007) Are women really more talkative than men? Science 317(5834):82

Inhaltsverzeichnis

Über den Autor

Dominik Umberto Schott Mit Worten bewegen – das ist der rote Faden im bunten Lebenslauf von Dominik Umberto Schott. Er war Musiker, Schauspieler, Texter, Off-Sprecher sowie Radio- und Fernsehmoderator. Er hat tausende Live-Sendungen, Podiumsrunden sowie andere Bühnenevents moderiert. Seit 2003 arbeitet er neben seiner TV-Tätigkeit international als Präsentationstrainer, Executive Coach und Speaker.

Kontakt:

Webseite: www.dominikschott.com

E-Mail: contact@dominikschott.com

Social Media Profile: LinkedIn, Facebook, Xing, Instagram und YouTube (dort gibt's weitere Tipps als Videos)

1

Das Was und Wie

Zusammenfassung In der mündlichen Kommunikation ist neben Inhalt und Struktur vor allem die Körpersprache entscheidend. Sie färbt die Wirkung des Gesagten. Vor allem wenn das Gegenüber uns noch nicht kennt, denn der erste Eindruck prägt den zweiten. Schauen wir uns also an, worauf der erste Eindruck basiert und welche Störsignale wir unbewusst senden. Wir lernen die Formel für Wirkung kennen und erfahren, welche Rolle die Kongruenz spielt. Denn wenn das Was und das Wie nicht zusammenpassen, bleibt der Inhalt weitgehend auf der Strecke.

In der mündlichen Kommunikation ist neben Inhalt und Struktur vor allem die Körpersprache entscheidend. Sie färbt die Wirkung des Gesagten. Vor allem wenn das Gegenüber uns noch nicht kennt, denn der erste Eindruck prägt den zweiten. Schauen wir uns also an, worauf der erste Eindruck basiert und welche Störsignale wir unbewusst senden. Wir lernen die Formel für Wirkung kennen und erfahren, welche Rolle die Kongruenz spielt. Denn wenn das Was und das Wie nicht zusammenpassen, bleibt der Inhalt weitgehend auf der Strecke.

Ergänzende Information Die elektronische Version dieses Kapitels enthält Zusatzmaterial, das berechtigten Benutzern zur Verfügung steht https://doi.org/10.1007/978-3-658-30660-1_1. Die Videos lassen sich mit Hilfe der SN Movre Media App abspielen, wenn Sie die gekennzeichneten Abbildungen mit der App scannen.

1.1   Warum persönliche Kommunikation wichtig bleibt

2020 hat die Welt verändert. Vor allem die Welt der Kommunikation. Kaum persönliche Kontakte, mehr Home-Office und vor allem ein ungeheurer Anstieg an Online-Meetings. So gut wie alle Besprechungen und Präsentationen, Kundentermine oder Schulungen wurden von der physischen in die virtuelle Welt verlagert. Sehr zum Leidwesen der Seminar- und Businesshotels. Viele verbrachten in diesem Jahr ganze Tage in Zoom oder MS Teams. Wird das so bleiben? Ganz wie früher wird es sicher nicht mehr. Vermutlich fliegt keiner mehr für einen 2-Stunden-Termin von München nach Düsseldorf – und das ist auch gut so. Ob für eine Produktpräsentation Mitarbeiter aus vier Himmelsrichtungen anreisen müssen, wird strenger entschieden. Ist wirklich ein Präsenzmeeting notwendig? Oder geht es auch online? Das spart schließlich Zeit und Reisekosten. Telework und Online-Meetings, Blended Learning (offline und online) sowie der schnelle Video Call werden Teil unseres Alltags bleiben. Zugleich fehlt die persönliche Begegnung. Sie ist und bleibt unsere wichtigste Kommunikationsebene. Wenn es nicht nur um reinen Informationsaustausch geht sondern um das Zwischenmenschliche, dann sind Präsenzmeetings unverzichtbar. Beziehungsaufbau, Teambuilding, zwischen den Zeilen lesen, die Energie im Raum spüren – all das geht online nicht oder nur eingeschränkt. Gerade wenn physische Treffen seltener sind, ist die persönliche Präsenz und Ausstrahlung umso wichtiger. Egal welches Ziel eine Organisation hat – es wird immer nur von Menschen gemeinsam mit anderen Menschen erreicht. Und die Grundvoraussetzung dafür ist Kommunikation. Wir schauen viel auf flimmernde Flächen und freuen uns, wenn wir Abwechslung wieder in echte Gesichter blicken.

> Ein Bildschirm berührt uns nicht. Nur andere Lebewesen können uns wirklich berühren.

Höhere Führungskader in Unternehmen sehen teils 200 Business-Präsentationen pro Jahr. Wie oft kämpfen sie dabei gegen den Schlaf, wie oft schweifen die Gedanken ab oder man checkt schnell Mails nebenbei, weil der Vortrag nicht gerade fesselnd ist? Laut einer Manager-Umfrage von Praesentarium (Wirtschaftswoche 2012) werden 82 % aller erlebten Präsentationen als langweilig eingestuft, 14 % als zielführend und nur 4 % als begeisternd.

Hätte ich die Wahl zwischen langweilig und einschläfernd, wäre mir Letzteres lieber. Langeweile ist Verschwendung von Lebenszeit. Dann wenigstens ein bisschen Schlaf. Power nap dank PowerPoint. Der exzessive Umgang mit Beamer und Slides wird von vielen als Grund für die schwache Wirkung vieler Präsentationen genannt. Technologie kann nicht begeistern. Kaum einer erinnert sich noch Jahre später an eine Rede, weil die Folien so toll waren. In diesem Buch geht es nicht darum, wie man schicke Slides erstellt. Es geht darum, künftig öfter zu den 4 % zu gehören, die begeistern. In Kap. 9 geht es darum, wie das auch online gelingt. In Kap. 6 werden wir besprechen, wie wir sicherstellen können, dass uns Folien, wenn wir sie schon als Tool nutzen, nicht die Schau stehlen.

1.1.1 Die Formel für Wirkung

Jede Präsentation oder Rede besteht aus drei grundlegenden Zutaten:

- Inhalt
- Aufbau
- Vortragsweise

Der Inhalt ist das Was, die Substanz, der Körper. Der Aufbau einer Rede ist die Form. Wie ein Skelett gibt sie dem ganzen Halt – aber keiner will die Knochen sehen. Struktur fällt meistens dann auf, wenn sie schlecht ist oder völlig fehlt.

Die Vortragsweise ist die sichtbare Hülle, das Wie. Dazu gehört im erweiterten Sinne auch alles, was die antiken Rhetoriker nicht hatten und wir im Übermaß einsetzen: technische Hilfsmittel wie Folien, Farben, Schriften, Licht, Ton, Video usw. In erster Linie besteht diese sichtbare

Hülle aus meiner äußeren Erscheinung und meiner Körpersprache – also aus allem, was sinnlich erfahrbar ist.

Was ist nun das Wichtigste? Worauf kommt es an? Eigentlich klar, oder? Auf den Inhalt! Wenn ich nichts mitzuteilen habe, sollte ich mich nicht vor Leute stellen und deren Zeit stehlen. Es sei denn, ich bin Entertainer, dann ist Stimmung wichtiger als Inhalt. Auch in vielen informellen Gesprächen geht es mehr um die Beziehungsebene als um das Gesagte: Small Talk, Flirt, Klatsch usw. Hier dient der Inhalt als soziales Schmiermittel.

Doch in einer Präsentation vor Kollegen oder Kunden, einem Vortrag oder einer Wortmeldung im Meeting kann der Inhalt nicht Nebensache sein. Zugleich geht es auch nicht *nur* um den Inhalt – sonst könnte ich auch eine Mail oder ein PDF schicken. Inhalt und Struktur hat auch jeder Newsletter. Vortragen können nur Menschen.

In der Live-Situation kommt also ein entscheidendes Element dazu: wir selbst, unsere Persönlichkeit und Ausstrahlung, die sich vor allem durch unsere Körpersprache zeigt. Sie ist der Geschmacksverstärker, der maßgeblich beeinflusst, ob unsere Inhalte den anderen schmecken oder nicht. Die Formel für Wirkung lautet also:

> Inhalt + Struktur x Vortragsweise = WIRKUNG

Unsere Vortragsweise hat starken, wenn nicht sogar entscheidenden Einfluss darauf, wie unser Inhalt wahrgenommen wird. Treten wir kompetent auf, hat auch unser Inhalt Glaubwürdigkeit. Wirkt unsere Körpersprache unsicher, werden auch unsere Botschaften angezweifelt.

1.1.2 Irgendeine Wirkung haben wir immer

Wenn die Zuhörer uns bereits kennen, haben sie schon ein Bild von uns in den Köpfen. Dieses Bild wird bestätigt, es sei denn, wir fallen aus dem Rahmen und tun etwas, das die anderen so noch nicht von uns gesehen oder gehört haben. „Hm, das war ungewöhnlich. Entweder eine Ausnahme, oder ich muss mein Bild von dieser Person revidieren."

Kennen mich die Leute noch nicht, wissen sie vielleicht nur, wie ich heiße und was ich beruflich mache. Sie wissen weder von meinen aktuellen Herausforderungen noch von meiner fundierten Ausbildung oder meiner unfassbaren Kompetenz. Sie interessieren sich auch nicht dafür, ob ich schlecht geschlafen habe oder mich gerade noch sehr geärgert habe. Sie sehen die Person da vorne und entscheiden intuitiv und blitzschnell, ob sie dieser Person gerne zuhören möchten oder nicht. Und das hängt erst einmal von Äußerlichkeiten ab. Wie steht die Person da, wie bewegt sie sich, stellt sie Augenkontakt her? Wir sehen von anderen zunächst nur die äußere Erscheinung.

> Für Menschen, die uns nicht kennen, sind wir zunächst nur so glaubhaft, wie wir aussehen und klingen.

Da mag der Inhalt noch so brillant sein – wenn der Redner ständig nervös auf den Boden guckt, kommt keine Verbindung zustande. Die Zuhörer werden bewusst oder unbewusst ein Urteil fällen. Wahrscheinlich kein so günstiges. Denn: Irgendeine Wirkung haben wir *immer*. Fragt sich nur, welche?

1.2   Die *erste* Botschaft bist *Du*

Das *Wie* kann das *Was* derart einfärben, dass beim Empfänger nur ein Zerrbild dessen ankommt was wir sagen wollten (s. Abb. 1.1). Doch natürlich geht es auch umgekehrt: Die Körpersprache kann die Botschaft aufpolieren.

Beispiel

Vor einigen Jahren brauchte ich eine Anschlussfinanzierung für einen Hypothekenkredit. Ich holte Angebote verschiedener Banken ein. Einige waren weniger attraktiv, andere besser. Zuletzt blieben zwei Angebote im Rennen, die von den Konditionen her identisch waren. Effektiver Zinssatz, Sondertilgung usw. – kein Unterschied. Was denken Sie, wo habe ich abgeschlossen? – Richtig. Dort, wo mir die Ansprechpartnerin sympathischer war. War es deshalb auch die bessere Bank? Keine Ahnung.

Abb. 1.1 Wirkungstrichter. (Mit freundlicher Genehmigung von © Martin Cambeis 2018. All Rights Reserved)

So entscheiden wir oft mangels besserer Möglichkeiten der Evaluierung. Wir übertragen die Sympathie für einen Menschen auf die gesamte Organisation, für die dieser Mensch arbeitet. Besonders wenn Inhalte ähnlich oder austauschbar sind, gibt die persönliche Ebene den Ausschlag. Und Persönlichkeit hat viel damit zu tun, wie wir „rüberkommen", wie wir aussehen und klingen. Wir sagen, ein Gespräch habe sich gut angefühlt. So war es auch bei der Bankberaterin. Hat sich besser angefühlt – und ich meine nicht den Händedruck.

> Zwischen Botschaft und Botschafter unterscheiden wir erst mal nicht.

Hart, aber unfair. Wer mitreißend spricht, kann selbst mit dünnen Botschaften begeistern. Andere liefern mehr Substanz, können sich aber kein Gehör verschaffen. Daran kann der berüchtigte erste Eindruck schuld sein. Wie entsteht der?

1.2.1 Der erste Eindruck

Unser Gehirn ist ein faszinierender Hochleistungsrechner. Binnen Sekundenbruchteilen kann es hunderte Informationen verarbeiten und zu einem Gesamteindruck zusammenfügen. Und das alles, ohne dass es uns bewusst ist.

Ein Gegenüber schnell einschätzen zu können war für uns als soziale Tiere seit jeher äußerst wichtig, daher sind die dazugehörigen Abläufe im Gehirn tief verankert und weitgehend automatisiert. Lange Zeit war die wichtigste Information über jemanden oder etwas, das dem Menschen in der Wildnis entgegen kam: Ist das größer oder kleiner als ich? Schaue ich mir das an oder verstecke ich mich lieber hinter einem Busch? Auch heute noch nehmen wir an anderen in den ersten Millisekunden sofort den Umfang wahr und ziehen unbewusst Schlüsse daraus. Unter Top-Führungskräften sind großgewachsene Männer überproportional vertreten. Das hat nichts mit Führungsqualitäten zu tun – wenn, dann höchstens mit archaischen. Unbewusst denken wir: Der ist stark genug, um mich tragen zu können, der könnte mich in einer Gefahrensituation beschützen oder retten, dem vertraue ich als Anführer. Zugleich sind stark übergewichtige Personen in den Führungsetagen unterrepräsentiert. Dabei sind sie sicher nicht weniger qualifiziert – aber das unbewusste Assessment der Äußerlichkeiten hält Dicke für weniger willensstark und ausdauernd. Ungerecht, aber Realität der unbewussten Vorurteile.

Dann analysieren wir das Gesicht. Das dauert nur 39 Millisekunden. Ein Wimpernschlag und schon „wissen" wir, ob wir die Person vertrauenswürdig finden oder nicht. Auch dabei liegen wir übrigens oft falsch, wie allein die große Zahl an erfolgreichen Betrügern und Heiratsschwindlern beweist. Der erste Eindruck ist mächtig, und wir bleiben oft hartnäckig dabei, auch wenn es Hinweise dafür gibt, dass die Person doch nicht so nett ist. Wer symmetrische Züge und die richtigen Proportionen hat, ist aus genetischer Sicht ein Glückskind. Wer z. B. einen sehr dunklen Bartschatten und eng zusammenstehende Augen hat, muss erst einmal gegen den ersten Eindruck „Gangstervisage" ankämpfen. Die Polizei hätte es viel leichter, wenn alle Gangster auch tatsächlich Gangstervisagen hätten.

Was wir ebenfalls in den ersten zwei Sekunden wahrnehmen:

- **Haltung:** aufrecht oder leicht gebückt, agil oder schlaff?
- **Bewegung:** energisch, müde, vorsichtig …?
- **Augenkontakt:** Kann die Person Blickkontakt halten?
- **Mimik:** Wirkt das Lächeln echt, lachen die Augen mit?
- **Kleidung:** Passend zum Anlass? Lenkt etwas ab (bunte Krawatte, auffälliger Schmuck, ausgebeulte Hosentaschen)?
- **Stimme:** Was verrät sie über Stimmung und Herkunft (Dialekt, Akzent, Wortwahl)?
- **Gestik:** Wenig oder viel, schnell oder langsam?
- **Händedruck:** Angenehm fest oder labberweich? Oder so stählern, dass es schmerzt?

Was wir auch sofort bemerken ist der hygienische Allgemeinzustand: Gepflegt oder Haare fettig? Mundgeruch, Fingernägel dreckig, unreine Haut, Körpergeruch? Die Liste ließe sich noch fortsetzen, denn nobody is perfect. Und das, was bei uns selbst ein blinder Fleck ist, nehmen wir unter Umständen auch bei anderen nicht wahr. Hier sind echte Freunde wertvoll, die mir ehrlich sagen, ob mein Händedruck weh tut oder ob ich üblen Mundgeruch habe.

Fehlt etwas? Richtig: zwei Merkmale, die wir ebenfalls binnen Millisekunden erfassen und für die wir auch große Schubladen haben – nur dass wir uns dessen selten bewusst sind (unconscious bias):

- Alter
- Geschlecht

Oft basiert sogar ein Großteil unseres Schnellurteils auf diesen Kategorien. Und Vorsicht, bei beiden liegen wir auch schon mal daneben. Das kann vor allem bei Letzterem peinlich werden.

Aus all diesen Einzelinformationen bildet unser Hirn blitzschnell und unbewusst ein Gesamturteil. Wir finden die Person interessant, sympathisch, abweisend, langweilig usw. Doch wir haben keine Sinnesorgane für „Charisma" oder „Glaubwürdigkeit". Das sind subjektive Interpretationen, die auf objektiven Beobachtungen basieren.

Um sich klarzumachen, wie schnell unser Gehirn zig Eindrücke zu einem Bild zusammenfügt, testen Sie einmal, ob Sie an einer anderen Person *erst* das Alter und *dann* das Geschlecht erkennen oder umgekehrt. Unmöglich!

Und was *wir* mit anderen beim ersten Eindruck machen, macht jeder auch mit *uns*. In weniger als zwei Sekunden landen wir beim Gegenüber in einer Schublade. In dieser kurzen Zeit konnten wir noch nicht inhaltlich punkten. Der erste Eindruck prägt den zweiten. Wie der Inhalt gleich eingeordnet wird, hängt stark davon ab, wie ich eingeschätzt werde: Kompetent? Unsicher? Sympathisch oder arrogant? Bin ich in einer negativen Schublade erst mal drin, ist es schwer, wieder raus zu kommen, denn wir sind beim Bewerten effizient, sprich schnell und faul. Wir sortieren nicht gerne um oder ändern unser Bild von anderen, denn dann müssten wir uns eingestehen, dass wir beim ersten Eindruck daneben lagen.

Wir denken also unbewusst: „Tu nicht so freundlich, du bist bei mir in der Unsympathen-Schublade gelandet – und in der bleibst du!" Manchmal halten uns andere in ihren Bildern von uns gefangen und geben uns keine zweite Chance. Dann müssen wir mehrmals hintereinander auffallend freundlich sein, bis sie bereit sind, in Betracht zu ziehen, dass die erste Einordnung falsch war. Dann wird die Schulblade noch mal geöffnet und wir bekommen ein neues Label. Aber nur *einmal*. Ein weiteres Mal wird nicht umsortiert.

1.2.2 Störsignale – Die Nudel im Gesicht

Nehmen wir an, der erste Gesamteindruck passt soweit. Dann ist der Weg frei für das Wesentliche: den Inhalt. Aber manchmal werden Vorträge wie Radio auf Mittelwelle gesendet. Obwohl die Frequenz stimmt, kommt beim Empfänger alles verzerrt an, weil ein Störsignal dazwischenfunkt. Störsignal ist alles, was vom Inhalt ablenkt oder das Zuhören erschwert.

Einer der berühmtesten Sketche von Loriot ist die Nudel im Gesicht. Ein Pärchen im feinen Restaurant: Er führt kurz die Serviette zum Mund und setzt umständlich zu einem Heiratsantrag an. Sie starrt ihn nur fassungslos an, weil mit der Serviette eine kleine Nudel mitgewandert ist, die ihm nun mitten im Gesicht prangt. „Sie haben da …" – „Nein, Hildegard, sagen Sie jetzt nichts!"

Ein wunderbares Beispiel für ein Störsignal, das komplett vom Inhalt ablenkt. Wir können uns auch einen Redner vorstellen, der mit offenem Hosenschlitz auf die Bühne kommt. Keiner wird auf seine Worte achten. So extrem kommt das im echten Leben selten vor. Gefährlicher sind daher die subtilen Störsignale: Bestimmte Merkmale eines Vortragsstils, die es den Zuhörern unnötig schwer machen, sich auf den Inhalt zu fokussieren. Das ist besonders ärgerlich, wenn uns das Thema eigentlich interessiert. Ähnliches haben wir alle schon erlebt:

- Die Marketing-Managerin wirbelt aufgedreht über die Bühne, als hätte sie zu viel Kaffee getrunken und wir würden ihr am liebsten zurufen: Bleib doch bitte mal einen Moment lang an einer Stelle stehen!
- Der renommierte Experte schleppt sich mit monotoner Stimme von Folie zu Folie und wir kämpfen gähnend gegen den Sekundenschlaf. Noch dazu ist das Licht im Saal gedimmt.
- Die Seminarleiterin trägt ein Kostüm in schreienden Farben und an den Ohren baumeln klimpernd Riesenohrringe. Eine Stilberatung würden wir bei der nicht buchen.

Verhaltensauffällig können auch kleine Marotten werden, die einem selbst nicht auffallen: Bei den ersten Worten kräftig die Hände reiben (Vorfreude oder Nervosität?), mit einem kräftigen „So!" in die Hände klatschen, die imaginäre Vase auf der Töpferscheibe formen oder ständig vor dem eigenen Gesicht rumfuchteln. Ein großes Verbesserungspotenzial für Kommunikatoren besteht oft schon im Abstellen von Störsignalen. Die häufigsten sind:

- zu oft „Äh" und andere Füllwörter („ich sag mal", „quasi", „am Ende des Tages") oder Weichmacher („eigentlich", „irgendwie", „unter Umständen", „vielleicht")
- zu wenig Blickkontakt
- zu monotone Stimme
- zu schnelles Sprechtempo

- zu viel Bewegung
- undeutliche Aussprache
- Inkongruenz
- sehr auffällige Kleidung, Accessoires oder Schmuck
- kein roter Faden
- verwirrende Folien

Wir merken: Oft ist etwas zu viel oder zu wenig. Und zwar nicht ein bisschen, sondern viel zu viel oder viel zu wenig. Es sind die Extreme, die unsere Wahrnehmung so in Beschlag nehmen, dass für den Inhalt kaum noch Aufmerksamkeit übrig bleibt.

Ein auffälliges Accessoire kann ein Wiedererkennungsmerkmal sein. *Einige* „Ähs" sind in Ordnung, denn sie geben akustische Orientierung. Sie signalisieren zudem, dass die Person vor dem Sprechen über ihre Worte nachdenkt oder sich einen Entschluss nicht leicht gemacht hat.

Das Gegenteil wäre ein durchgehend druckreifer, flüssiger Vortrag. Da werden wir skeptisch. Ist das auswendig gelernt? Oder vom Prompter abgelesen? Es kommt also immer auf die Dosis an, die muss passen. Zu mir, meinem Thema, dem Rahmen, dem Publikum. Der Fachbegriff dafür, wenn alles stimmig ist, lautet Kongruenz.

1.2.3 Der 7-Prozent-Mythos

„Nur 7 Prozent unserer Wirkung hängen vom Inhalt ab." Vielleicht ist Ihnen diese Aussage schon einmal begegnet. Mit ihr soll die Bedeutung von Körpersprache belegt werden. Der 7-38-55-Mythos wurde schon in zahlreichen Seminaren und Artikeln zitiert. Meistens falsch. Was beim Gegenüber ankomme, sei zu 7 % Inhalt, 38 % Stimme und 55 % Körpersprache (s. Abb. 1.2). Hm. Würde nur 7 % der Wirkung vom Inhalt abhängen und 93 % von Stimme und Körpersprache, könnten wir uns in jedem Land, dessen Sprache wir nicht sprechen, auch mit Pantomime verständlich machen und sprichwörtlich unseren Namen tanzen. So kann es nicht gemeint sein. Woher kommen also diese Zahlen?

In der zugrunde liegende Studie hat Prof. Albert Mehrabian (Mehrabian und Ferris 1967) an der University of California Teilnehmer ein-

Abb. 1.2 Die Mehrabian-Studie. (Mit freundlicher Genehmigung von © Martin Cambeis 2018. All Rights Reserved)

zelne Worte sprechen lassen. Und zwar positive *(Liebling, Liebe),* neutrale *(vielleicht)* und negative *(schrecklich, brutal).* Die Sprecher sollten die Worte in unterschiedlichen Versionen vortragen: freundlich, neutral und streng. Diese Aufnahmen wurden Probanden vorgespielt. Wenn Wort und Stimme *nicht* zusammen passten (also z. B. das Wort *Krieg* freundlich gesprochen wurde) dann wurde die Wirkung des Wortes von der Wirkung der Stimme um das 5,5-Fache übertroffen. Bei einer späteren Studie wurden den Probanden zusätzlich Fotos mit unterschiedlicher Mimik gezeigt. Ergebnis: die nonverbale Kommunikation (Körpersprache) überstrahlt bei emotionalen Aussagen die paraverbale (nur Stimme) noch mal um das 1,5-Fache – aber: *nur* wenn Wort und Ausdrucksweise nicht zusammen passten. Das relative Wirkungsverhältnis 7-38-55 stimmt also, jedoch nur bei Inkongruenz.

Stellen Sie sich vor, Sie werden einer neuen Kollegin vorgestellt und sagen zur Begrüßung: „Freut mich sehr." Ihre ganze Körpersprache drückt jedoch aus: „Bleib mir bloß vom Leib!" Dann wird sich die Kollegin später kaum an den Wortlaut der Begrüßung erinnern. Zu 93 % wird bei ihr hängen bleiben, dass Sie abweisend wirkten. Diese kaum bewusste Wahrnehmung kann zu ganz verschiedenen Interpretationen führen:

- Offenbar ein Misanthrop. Dem geh ich besser aus dem Weg.
- Armer Kerl. Welche Laus ist dem denn über den Weg gelaufen?
- Warum ist der so aggressiv? Sind hier alle so?
- Hab ich was falsch gemacht? Keiner mag mich.
- Huch, hat der schon was Negatives über mich gehört?
- Der steht sicher nur unter Zeitdruck.
- Endlich mal kein Schleimer. Klasse Typ.

Das ist nur eines der Probleme von Inkongruenz: Wir haben keine Ahnung, was oder genauer gesagt *wie* es beim Gegenüber ankommt. Würde man das Experiment mit 100 neuen Kolleginnen durchführen, würden sich eine Woche später nur sieben von hundert daran erinnern, was genau bei der Begrüßung gesagt wurde. Das sind die berühmten 7 % – und meine These ist, dass es sich hier um auditive Lerner handelt, deren Wahrnehmung nicht so stark von visuellen Reizen dominiert ist und die sich einen Wortlaut gut merken können.

Das ist der eigentliche Clou von Mehrabians Forschungsergebnissen: Wenn Botschaft und Verpackung nicht zusammenpassen, bleibt auf dem Weg zum Empfänger eher die Botschaft auf der Strecke. Wenn umgekehrt das Was und das Wie zusammenpassen, erreichen wir sicher mehr als 7 % Wirkung mit unserem Inhalt. Wie viel genau, hängt von einer Vielzahl weiterer Faktoren ab: Kontext, Aufnahmebereitschaft, Relevanz, Zielgruppenadäquanz.

Soweit die Theorie. Wenn Sie Inkongruenz erleben möchten, gucken Sie einfach den erstbesten Kollegen grimmig an und sagen mit übel gelaunter Stimme: „Dein Hemd steht dir echt gut!" – Oder Sie tanzen vor Freude durchs Büro und rufen überschwänglich: „Ich hasse euch alle!" – Das macht Spaß und Sie werden sehen: Beides glaubt Ihnen kein Mensch. Zur Verdeutlichung, was Mehrabian im Kern ausdrücken wollte, sehen Sie sich am besten Video 1 an (Abb. 1.3).

Abb. 1.3 Video 1: Nur 7 % Wirkung? – Die Mehrabian-Studie (https://doi.org/1
0.1007/000-204)

Übertriebene Inkongruenz kann – beispielsweise in Form von Ironie –
schon wieder ein Stilmittel sein. Problematisch ist die subtile Inkongruenz, die wir nicht bewusst wahrnehmen, die aber trotzdem die Botschaft
verbiegt. Wenn jemand lächelnd von den Problemen seiner Kunden
spricht. Wenn Lob nicht wie Lob klingt. Wenn gute Zahlen mit Sorgen-
miene präsentiert werden. Die Worte sind positiv – aber unterbewusst
registrieren wir: Hier stimmt was nicht, das wirkt nicht „stimmig". Auch
wenn die Mehrabian-Studie oft falsch zitiert wird, sie belegt, wie stark
Körpersprache auf uns wirkt. Kein Wunder, diese ist schließlich viel älter
als die verbale Sprache.

Zusammengefasst
- Der Inhalt ist wesentlich, aber die Körpersprache entscheidend für
  die Wirkung.
- Die erste Botschaft bist Du.
- Störsignale übertönen die Botschaft.
- Auch bei Inkongruenz bleibt der Inhalt auf der Strecke.

Literatur

Mehrabian A, Ferris SR (1967) Inference of attitudes from nonverbal communication in two channels. J Consult Psychol 31(3):248–252

Wirtschaftswoche (2012) Praesentarium „Publikumeter 2012". www.wiwo.de/erfolg/beruf/powerpoint-manager-finden-praesentationen-meist-langweilig-/6751870.html. Zugegriffen am 13.08.2020

2

Körpersprache – worauf es ankommt

Zusammenfassung Körpersprache umfasst alle nonverbalen Signale – ein weites Feld. Allein die Handflächenstellung kann eine Aussage in ihrer Wirkung völlig verändern. Doch wer die vier wichtigsten Stellschrauben kennt, kann seine Wirkung mit einfachen Mitteln stark erhöhen. In diesem Kapitel erfahren wir: Augenkontakt und Körperhaltung sollten stabil, Gestik und Stimme lebendig sein. Wir lernen eine simple Technik für Wirkungspausen kennen, beleuchten die Aspekte Dialekt und Betonung und bekommen Tipps für das Präsentieren am Rednerpult.

Die Kommunikationstheorie unterscheidet zwischen analog und digital. Analog ist alles von mit den Armen rudern über grunzen und lachen bis hin zu mit den Augen rollen. Das ist die Sprache, die wir mit Tieren gemeinsam haben und die bei Affen nicht wesentlich anders aussieht als bei

Ergänzende Information Die elektronische Version dieses Kapitels enthält Zusatzmaterial, das berechtigten Benutzern zur Verfügung steht https://doi.org/10.1007/978-3-658-30660-1_2. Die Videos lassen sich mit Hilfe der SN More Media App abspielen, wenn Sie die gekennzeichneten Abbildungen mit der App scannen.

uns. Es sind Geräusche und Bilder, im Wesentlichen Laute, Blicke und Gesten. Digital sind Wort und Schrift. Digital deshalb, weil es ein Code ist. Der Klang des Wortes Stuhl und die dazugehörige Buchstabenfolge haben nichts besonders Stuhlähnliches an sich. Welcher Gegenstand gemeint ist, müssen wir kulturell erlernen. Ausnahmen sind lautmalerische (für Freunde von Fremdwörtern: onomatopoetische) Wörter wie „prasseln" oder „klappern", die so klingen wie das Geräusch, das sie bezeichnen. Je mehr analoge Anteile unsere Sprache hat, desto lebendiger wirkt sie.

Körpersprache besteht aus unzähligen deutlichen bis subtilen Signalen. Wir halten es übersichtlich und beleuchten die vier für Rede und Präsentation wesentlichen Fragen:

- Wie lang ist guter Augenkontakt?
- Wie stehe ich da?
- Wohin mit den Händen?
- Wie kann ich meine Stimme wirkungsvoll einsetzen?

Wer diese vier Aspekte von Körpersprache nicht versaut oder gar meistert, dürfte schon mehr Wirkung erzielen als der Großteil aller Redner. Wobei es in allen vier Kategorien und ihren Dimensionen kein absolutes Richtig oder Falsch gibt. Es kommt immer auf den Kontext an. Es gibt keine „falsche" Gestik, höchstens unpassende.

2.1   Augenkontakt

Wer einen Hund hat, kennt das sicher. Der Vierbeiner hat irgendwas angestellt und guckt schuldbewusst. Wir schauen das Tier streng an und es weicht unserem Blick aus. Im Tierreich ist langer, intensiver Augenkontakt ein Austesten der Rangordnung, manchmal eine Kampfansage. Wer zuerst wegguckt, hat verloren (oder überlebt). Zu langer Augenkontakt kann auch uns Menschen unangenehm werden. Blicke können strafen oder irritieren. Was will der andere von mir?! Zu langer Augenkontakt ist beim Public Speaking allerdings selten das Problem. Eher das Gegenteil.

2.1.1 Fester Blick

Wir stehen vorne und wollen die Zuhörer mit klarem Blick ansprechen. Und plötzlich ist das Muster des Teppichbodens sehr interessant. Da vorne links guckt einer streng, schnell woanders hin schauen. Was steht noch mal auf meiner Folie? Am besten mal umdrehen und nachgucken. Dann wieder ins Publikum, aber schnell. Der Blick ist rastlos.

> Schneller Kontakt ist gar kein Kontakt.

Wir kommunizieren meistens in kleinem Kreis. Der häufigste Fehler auf größerer Bühne: Wir wollen auch hier *jeden* angucken. Die Folge: Die Augen rasen unruhig hin und her, sind überall und nirgends. Bei zehn Zuhörern können wir noch mit jedem Einzelnen Blickkontakt aufnehmen. Bei 100 ist es unmöglich. Und irgendwo dazwischen wird es schwierig. Meist schon ab 20 Personen im Raum.

Wie lange ist guter Augenkontakt?
Ein Experiment in London hat 2016 ergeben: etwa drei Sekunden. Psychologen hatten 500 Museumsbesuchern kurze Videos vorgeführt, in denen sie von Schauspielern verschieden lang angesehen wurden. Über alle Altersgruppen und Nationalitäten hinweg dauerte der bevorzugte Durchschnittsblick 3,3 s (Binetti et al. 2016). Ich gehe nicht mit Stoppuhr auf die Bühne und empfehle: etwa ein Satz pro Person. Mindestens ein Halbsatz. Dort, wo ich schriftlich ein Komma setzen würde, kann ich mit der Minizäsur die Ansprechperson wechseln (siehe Video 2, Abb. 2.1).

> Guter Augenkontakt ist so lang wie ein formulierter Gedanke.

Wenn Sie es ausprobieren, werden Sie merken, das ist gar nicht so kurz. Und manchen fällt es sehr schwer, beim Sprechen drei Sekunden wirklich an einer Person dran zu bleiben. Das sind oft die Denker. Denn wir können nicht konzentriert nachdenken und gleichzeitig jemandem in die Augen schauen. Wer es ausprobieren mag, kann ja mal jemandem

Körpersprache & Präsentation
Was man über Augenkontakt wissen sollte

Abb. 2.1   Video 2: Augenkontakt (https://doi.org/10.1007/000-207)

in die Augen schauen und 17×13 ausrechnen. Schwierig bis unmöglich. Daher: erst denken, dann mit Blickkontakt sprechen.

Übertreiben müssen wir es nicht. Zu langer Augenkontakt wirkt unnatürlich. Wir kennen das von Moderatoren oder Kommentatoren im Fernsehen. Die reden in langen Sätzen und schauen uns dabei unverwandt an, dem Teleprompter sei Dank. Bei vielen sieht man an den Augenbewegungen, dass sie Zeile für Zeile ablesen. Schlechtes Theater. Steht der Prompter weiter weg, fällt es weniger auf. Die Könner erfassen den vorbeirollenden Text während die Pupillen auf die Kameralinse fokussiert bleiben. Dann erst entsteht zuhause vor dem Bildschirm der Eindruck, direkt angesprochen zu werden.

Live vor Menschen müssen wir zum Glück in keine Linse starren. Wir schauen in lebendige Gesichter, die (hoffentlich) zurückgucken. Und Augenkontakt heißt nicht, an den anderen kleben, sie zu fixieren. Wandert der Blick mal zum Boden oder in die Luft, ist das völlig in Ordnung. Das signalisiert: Ich fasse meinen nächsten Gedanken und habe es nicht auswendig gelernt. Hier spricht ein Mensch, kein Roboter. Diese kleinen Denkpausen lassen uns authentisch wirken. Zur Seite gucken ist suboptimal, denn dann folgen die Zuschauer unwillkürlich unserem Blick: Was ist da drüben? Übrigens ist oft aufschlussreich, wo die Augen in kleinen Denkpausen hinwandern. Länger auf den Boden bedeutet: Ich sammle mich, hole den nächsten Gedanken aus mir heraus. Nach oben heißt: Ich suche einen Einfall und pflücke die Inspiration aus dem Äther.

2.1.2 Einen anschauen – alle erreichen

Nehmen Sie sich Zeit, den nächsten Gedanken zu fassen und dann sprechen Sie ihn aus. Schauen Sie einen Satz lang jemandem dabei wirklich in die Augen – nicht nur hinschauen, sondern echter Kontakt. Die Verbindung, die dabei entsteht, überträgt sich auf alle. Diesen Effekt kennen wir als Fernsehzuschauer. Jemand wird interviewt und schaut nicht in die Kamera, sondern den Reporter oder die Reporterin an, die wir nicht sehen. Wir merken sofort, ob die Person, die interviewt wird, ihr Gegenüber wirklich anschaut. Wir erkennen guten Augenkontakt auch dann, wenn er an uns vorbeigeht.

Bei einer kleineren Gruppe besteht die Gefahr, dass ich einige öfter mit Blickkontakt beschenke als andere. Wahrscheinlich diejenigen, die mir sympathisch sind oder von denen ich mir Zustimmung erhoffe. Deswegen kann es sinnvoll sein, nach einigen Minuten bei einer Zäsur kurz zu prüfen: Wen habe ich bisher gemieden oder komplett übersehen? Jetzt hole ich diese Person ganz bewusst ab.

Die gute Nachricht: Wir müssen gar nicht jeden anschauen. Je größer die Gruppe, desto eher reicht es, einige Zeit in diese und dann in die andere Richtung zu gucken. Vorne erwische ich einzelne, weiter hinten fühlen sich jeweils mehrere angeschaut.

> **Profi-Tipp: Das Augen-M**
>
> In einem sehr großen Saal kann es helfen, den Blick in Form eines raumfüllenden M über die Menge wandern zu lassen: Im Laufe einer Minute vorne links beginnen, nach hinten, schräge nach vorne usw. (s. Abb. 2.2). So stelle ich sicher, dass ich zu allen spreche und keine Ecke vergesse. Das Augen-M trifft vorne einzelne und weiter hinten ganze Cluster.

Zusammengefasst
- Blickkontakt schafft Verbindung.
- Guter Augenkontakt dauert etwa einen Satz lang.
- Wir dürfen auch mal wegschauen und nachdenken.
- Wir müssen nicht jeden anschauen – lieber einige intensiv als keinen richtig.

Abb. 2.2 Das Augen-M. (Mit freundlicher Genehmigung von © Martin Cambeis 2018. All Rights Reserved)

2.2   Haltung

Von George Bernard Shaw stammt die berühmte Feststellung, das größte Problem in der Kommunikation sei die Illusion, sie habe stattgefunden. Wir denken, wir hätten uns klar ausgedrückt, dabei hat das Gegenüber vielleicht nicht einmal zugehört. Oder nichts verstanden. Verbindung ist die Grundlage, damit Kommunikation tatsächlich stattfindet. Stabiler Augenkontakt schafft Verbindung. Und auch beim nächsten wichtigen Aspekt der Körpersprache geht es um Festigkeit.

Über einen wankelmütigen Teilnehmer des Wiener Kongresses schrieb der französische Diplomat Talleyrand: „Er vertritt immer die Meinung desjenigen, der zuletzt gesprochen hat." (zitiert nach Lentz 2014). Wendehals, Fähnchen im Wind: wir haben einige Metaphern für Opportunisten ohne eigenen Standpunkt. Und ist das Wort Standpunkt nicht aufschlussreich? Unsere Sprache weiß: Jemand, der eine klare Haltung vertritt, der nimmt auch einen klaren Standpunkt ein, sprich: der steht fest mit beiden Füßen auf dem Boden (der Tatsachen), der oder die steht für etwas. Wir schließen von der äußeren auf die innere Haltung.

2.2.1 Einen klaren Standpunkt einnehmen

Viele sind leider irgendwo im Niemandsland zwischen Stehen und Gehen. Sie gehen nicht – aber sie stehen auch nicht stabil. Sie wanken wie Gras im Wind. Oder machen kleine Halbschritte vor und zurück. Oder tänzeln von einem Bein aufs andere. Oder wippen bei jeder Betonung mit den Fersen nach oben, als würden sie abheben wollen. Oder stehen zwar auf einem Fleck, aber kippen ständig die Hüfte. Meistens ist das ein nervositätsbedingtes Störsignal. Zu viel Energie. Daher: Haltung einnehmen! Und die Energie über Worte und Gesten Richtung Zuhörer leiten, nicht in den Boden.

Das heißt nicht, dass es verboten ist, sich zu bewegen (dazu gleich mehr). Aber immer, wenn es wichtig ist, wenn ich meine Rede beginne, wichtige Fakten oder die Kernbotschaften nenne sowie beim Schlusssatz, sollte ich fest stehen. Fest stehen heißt: nicht Standbein und Spielbein mit einem Großteil des Körpergewichts auf einem Bein (s. Abb. 2.3). Das wirkt locker und so kann ich prima stehen, wenn die Verbindung etabliert ist oder ich mit dem Publikum im Dialog bin. Aber wenn ich einen wichtigen Punkt machen möchte, mache ich den mit aller Kraft. Und die strahle ich nicht aus, wenn ich schräg stehe. Sonst kommt es auch schräg an. Sondern ich stelle mich fest und aufrecht hin – und zeige mit meiner Körpersprache, dass ich einen klaren Standpunkt vertrete. Ein prächtiger Baum wächst gerade und steht gut verwurzelt. Wenn wir im Sitzen präsentieren (z. B. ein Wortbeitrag im Meeting) wird aus dem aufrechten Stehen ein aufrechtes Sitzen: Füße auf den Boden (Erdung) und Rücken gerade.

Wir wollen das Publikum bewegen – nicht den Boden.

Standbein-Spielbein   Fester Stand

Abb. 2.3 Haltung. (Mit freundlicher Genehmigung von © Martin Cambeis 2018. All Rights Reserved)

Hierzu gibt es unter Präsentationsexperten übrigens verschiedene Meinungen. Alle sind plausibel, keine die absolute Wahrheit. Aber Sie kennen jetzt meinen Standpunkt dazu. Probieren Sie es einfach aus. Allerdings: Verlassen Sie sich nicht allein darauf, was sich besser anfühlt. Denn oft entspricht die Innenwahrnehmung nicht der Außenwirkung. Bitten Sie also andere um Feedback, was besser zu Ihren Botschaften und Ihrem Vortragsstil passt.

2.2.2 Zugewandt bleiben

Miles Davis war berühmt dafür, mit dem Rücken zum Publikum zu spielen. Anfangs war es echte Schüchternheit, später vielleicht auch bisschen Masche. Die Jazz-Fans wären enttäuscht gewesen, wenn sie diese Anti-Star-Attitüde beim Konzert nicht erlebt hätten.

Wenn Sie in Ihrer Branche den Rang eines Miles Davis haben, können Sie vielleicht im Liegen reden und die Fans werden Ihnen dennoch an den Lippen hängen. Ansonsten gilt: Wir sollten so stehen, dass wir guten Kontakt zu allen haben. Das mag banal klingen, aber es gibt erfahrene Redner mit einem Seitendrall, der ihnen nicht bewusst ist. Die sprechen eine Hälfte des Auditoriums deutlich öfter an als die andere. Oder stehen nicht wirklich mittig.

> Richtige Positionierung bringt guten Kontakt zu allen.

In kleinen Räumen droht die Gefahr, dass ich so nahe an den Zuhörern stehe, dass mir die erste Reihe nur mit Genickstarre folgen kann. Besonders diejenigen, die gerne „auf ihr Publikum zugehen", rücken manchmal zu dicht auf und haben nicht mehr guten Blickkontakt zu allen. Doch was mache ich, wenn die Bühne oder der Raum eher breit als tief ist? Hin- und herwandern? Ja, gehen kann sinnvoll sein, aber es sollte dosiert werden und zu mir, der Botschaft und dem Kontext passen.

2.2.3   Stehen oder gehen?

Wenn Sie ein ruhiger, sachlicher Typ sind, kann es sein, dass Sie sich damit wohlfühlen, eine ganze Rede lang an einem Fleck zu stehen. Daran ist nichts verkehrt. Wenn das zu Ihnen und Ihren Botschaften passt, warum nicht? Wenn Sie jedoch nicht nur informieren, sondern inspirieren, überzeugen oder gar mitreißen wollen, dann kann der feste Stand auf Dauer zu statisch sein. Dasselbe gilt für Bewegungstypen. Manche von uns *können* einfach nicht länger still stehen, da sind zu viel Energie und Dynamik, die raus müssen. Oder die Bühne ist so breit, dass es unhöflich erscheint, nur zu den Menschen in der Mitte des Saales zu sprechen und die anderen links liegen zu lassen – und rechts auch.

Gehen ist völlig in Ordnung. Aber wenn, dann richtig. Das heißt: gezielt. Wer ständig hin- und her „tigert" oder am Platz tänzelt, der zeigt eben *keinen klaren Standpunkt*. Unbewusst nehmen unsere Zuschauer das genau so wahr. Wenn ich ausstrahlen will, was für ein Energiebündel ich bin, kann das im Ausnahmefall die passende Visualisierung meiner Qualitäten sein. Aber Vorsicht: Was ein bis zwei Minuten lang dynamisch wirkt, wird nach fünf Minuten zum immer weniger subtilen Störsignal. Die Menschen haben Mühe, sich auf den Inhalt zu konzentrieren, weil die unruhige Dauerbewegung alle Botschaften verwischt.

> Don't walk and talk!

Besser ist stehen und gehen im Wechsel. Und am wirkungsvollsten ist es, wenn wir nicht *gleichzeitig* gehen und reden. *Ein* Gedankengang, *eine* Botschaft von *einem* festen Platz aus. Stimme runter, Punkt. Nun ein, zwei Schritte gehen und dabei eine kleine Sprechpause machen. Neuen Standpunkt einnehmen. Weiter. So entstehen automatisch sinnvolle Zäsuren und wir nutzen den Raum. Das Gute: wir dürfen beim Gehen den Blickkontakt unterbrechen und auf den Boden schauen. Das hilft beim Nachdenken – und damit wir nicht stolpern.

> **Profi-Tipp: Die Bühne nutzen**
>
> Wir können uns sogar feste Stellen markieren und diese ansteuern, um Botschaften im Raum zu platzieren. Wenn wir gezielt gehen – im Einklang mit unserem Redeaufbau – bekommt alles, was wir sagen, mehr Struktur und Räumlichkeit. Wir können verschiedene Aussagen an verschiedenen Orten im Raum machen und sie wahrnehmungspsychologisch dort verankern, z. B. die Vorteile einer Idee rechts, die Nachteile links. Oder wir stellen drei Lösungsmöglichkeiten von drei verschiedenen Standpunkten aus vor.

Zusammengefasst

- Ein fester Stand strahlt Klarheit aus.
- Stehen Sie so, dass Sie mit allen in Kontakt sind.
- Nehmen Sie nach Bewegung immer wieder einen Standpunkt ein.
- Aussagen können durch gezielte Bewegung im Raum platziert werden.

2.3   Gestik

Während die meisten ungeübten Redner auf der Bühne in den Augen und Beinen zu viel Unruhe haben, ist ihre Gestik gelinde gesagt ausbaufähig. Mittel- und Nordeuropäer sind tendenziell zurückhaltend in ihrer Gestik und machen entweder zu wenig oder immer das Gleiche.

Wohin mit den Händen?!? Das ist eine der am häufigsten gestellten Fragen an den Körpersprache-Experten. Warum? Weil wir uns auf der Bühne wie nackt fühlen. Deshalb kommt es oft zu folgenden Schutzhaltungen (s. Abb. 2.4):

* Hände liegen ineinander, als würden wir gleich die Oblate beim Abendmahl empfangen. Das wirkt freundlich, aber nicht unbedingt kompetent oder durchsetzungsstark.

Abb. 2.4 Schutzhaltungen. (Mit freundlicher Genehmigung von © Martin Cambeis 2018. All Rights Reserved)

- Fingerspitzen berühren sich wie ein Stromkreis, der sich schließt. Hilft beim Nachdenken, kann aber auch belehrend wirken (die sog. Merkel-Raute ist eine Variante davon).
- Hände hängen in Freistoßhaltung. Wir fühlen uns sicher, sieht aber servil und zu passiv aus.
- Hände hinter dem Rücken. Bequem und der Rücken ist dadurch automatisch gerade. Kann streng wirken. Gängige Assoziationen: Lehrer, Militär, hat was zu verbergen.
- Hände und Arme vor dem Brustkorb verschränkt. Auch bequem, aber kann verschlossen wirken. Wir öffnen uns nicht.

Keine dieser Haltungen ist „falsch". Nur ungünstig für den ersten Eindruck, auch wenn sie sich subjektiv gut anfühlen. In informellen Momenten einer Präsentation kann es völlig in Ordnung sein, mal die Arme zu verschränken. Auch Hände hinter dem Rücken oder sogar in den Hosentaschen muss nicht verkehrt sein. Sobald die Beziehung etabliert ist und wir Freunde geworden sind, kann das Entspanntheit und Vertraulichkeit ausdrücken. Wenn wir eine persönliche Geschichte erzählen, plaudern, in den Dialog mit dem Publikum treten oder die Agenda besprechen, kann es gut passen. Und immerhin, die Hände sind aufgeräumt, es kann nicht genestelt werden. Denn das ist das Risiko, sobald sich die Hände berühren. Unsere Nervosität wird sichtbar. Dann spielen wir mit dem Ehering, zucken mit den Fingern oder walken die Hände. Kneten und Beten. Deshalb habe ich – obwohl ich sonst nichts von Körpersprache-Vorschriften halte – für die Hände eine goldene Regel:

> Die Hände dürfen alles – außer sich berühren.

Zumindest nicht für längere Zeit. Manche sagen mir: „Dann nehme ich eben einen Stift in die Hand!" – Ja, das machen viele. Und nesteln dann mit dem Stift herum. Oder wedeln damit durch die Luft. Das macht es nicht besser. Stift, Brillengestell oder Laserpointer sind Krücken für Amateure, die nicht wissen, was sie Sinnvolles mit ihren Händen anstellen können. Die überschüssige Energie unserer Aufgeregtheit sollte besser in sinnvolle Gestik fließen. Dazu brauchen wir die Hände frei.

2.3.1   Wohin mit den Händen?!

Bleibt die Frage: Wohin mit den Händen, wenn ich gerade *keine* Gestik einsetze? Darauf gibt es so viele Antworten wie Apotheken in der Innenstadt. Hier ist meine:

> Lassen Sie Ihre Hände einfach mal hängen.

Richtig. Einfach mal hängen lassen. Nichts tun. Ich nenne das die Nullposition. Arme locker hängen lassen, Hände entspannt, keine Faust oder sonstiges Fingerverkrampfen (s. Abb. 2.5). Es strahlt aus: Ich bin bereit, habe nichts zu verbergen und muss mich nicht verstecken. Ich bin da.

Viele fühlen sich zunächst unwohl damit und denken: Das sieht doch blöd aus. Das kann an mangelnder Körperspannung liegen oder auch nur daran, dass es ungewohnt ist und sich blöd *anfühlt*.

> Aufrechte Haltung und Hände locker hängen lassen sieht souverän aus.

Abb. 2.5   Nullposition. (Mit freundlicher Genehmigung von © Martin Cambeis 2018. All Rights Reserved)

2.3.2 Ellenbogen lösen

Wenn wir andere Redner beobachten, werden wir feststellen, dass die wenigsten ihren Armen die Nullposition zwischen Gesten gönnen. Meistens bleiben die Arme angewinkelt und die Hände „parken" vor dem Bauch oder der Gürtellinie, quasi auf Halbmast (s. Abb. 2.6). Manche empfehlen diese Haltung sogar, weil dann der Weg für die Hände kürzer und die Gestik vor der Körpermitte besser sichtbar sei. Doch es spricht nichts dagegen, von weiter unten zu starten und den Einsatz von Gestik damit deutlicher zu machen. Zumal diese Parkposition mehrere Nachteile hat:

- Es ist immer noch eine Schutzhaltung.
- Es sieht wenig entspannt und nicht natürlich aus.
- Es besteht die Gefahr, dass man die Hände nervös knetet oder am Ehering spielt.
- Fest angewinkelte Arme führen zu sehr limitierter „T-Rex"-Gestik.

Was ist mit T-Rex-Gestik gemeint? Bei vielen scheinen – sobald sie vor Publikum treten – die Ellenbogen wie am seitlichen Oberkörper angenäht. Nur die Unterarme bewegen sich. Die Hände sind dadurch gestisch sehr eingeschränkt. Mehr als zur Seite winken geht nicht. Das sieht dann ein wenig aus wie bei dem großen Dinosaurier mit den kurzen Ärmchen. Oder wie bei einer Kasperltheaterfigur. Mit den Händen bleiben gestisch auch die Aussagen auf halber Höhe hängen und wir machen dann meist keinen richtigen Punkt, sondern sprechen „ohne Punkt und Komma" weiter. Die Hände nach einem Gedankengang locker in die Nullposition fallen zu lassen, hilft uns auch, Pausen zu machen und unseren Vortrag zu strukturieren. Mehr dazu in Abschn. 2.4.1.

Trotzdem sehen wir die Halbmast-Haltung oft im Fernsehen. Manchmal zu recht, nämlich dann, wenn die Person nur oberhalb der Gürtellinie gezeigt wird. Bei Nullposition würden die Hände aus dem Bild verschwinden, das irritiert. Vielleicht haben sich deshalb Fernsehleute angewöhnt, sie gar nicht mehr runterzunehmen. Ich frage die Kameraleute immer oder schau auf den Monitor, wie der Bildausschnitt ist, damit ich weiß, auf welcher Höhe meine Gestik stattfinden muss, um sichtbar zu sein.

> **Beispiel**
>
> In der ARD gab es lange Zeit eine Wettermoderatorin, die immer mit der linken Hand auf die Hochdruckgebiete zeigte, während die rechte wie mitten in der Bewegung erstarrt auf halber Höhe fixiert war, also weder locker baumelte noch tatsächlich für Gestik eingesetzt wurde. Mich hat das immer sehr irritiert. Was macht die Hand da? Ist das Ellenbogen-Scharnier kaputt? Da half die sonst lockere Art nicht, an dem fixierten rechten Unterarm konnte man die Anspannung der Meteorologin sehen. Der Körpersprache-Experte nimmt das bewusst wahr. Bei allen Nicht-Experten entsteht der gleiche Eindruck, nur unbewusst.

Vielleicht gelten die Hände vor dem Bauchnabel auch deshalb als bühnentauglich, weil es so viele Vorbilder dafür gibt. Sogar professionell gecoachte TED-Speaker machen das. Aber wenn wir mal darüber nachdenken: Sehen wir je Menschen in der Fußgängerzone oder im Park herumlaufen, die ihre Arme vor dem Bauch anwinkeln? Einfach so, ohne etwas zu tragen? Das würde uns sofort auffallen und wir würden denken: Was ist mit denen los? Halten die eine unsichtbare Handtasche? – Man muss auch mal loslassen können.

> Hände auf Halbmast ist die Parkposition für Unsichere. Angstfreie Redner gönnen sich die Null-Position.

Sie haben jetzt zwei Möglichkeiten: Entweder lassen Sie die Arme beim Präsentieren weiterhin angewinkelt und limitieren dadurch Ihre gestischen Ausdrucksmöglichkeiten – aber fallen auch nicht negativ auf. Denn diesen Anblick sind wir gewohnt. Oder Sie lösen künftig zwischen einzelnen Aussagen die Ellenbogen und zeigen damit, dass Sie tatsächlich souverän und entspannt auf der Bühne sind. Dadurch kommt mehr Ruhe in den Vortrag und die Gestik wird gezielter und variantenreicher.

Die gelungene Kombination aus festem Stand und lebendiger Körpersprache können wir uns vorstellen wie einen Baum. Der Stamm steht fest, aber die Zweige wiegen sich im Wind. Alle Bewegung findet oberhalb der Gürtellinie statt. Wenn wir an einem Besprechungstisch sitzen, dürfen die Hände auch mal deutlich über der Tischkante gestikulieren. Das sieht besser aus als das übliche Spielen mit dem Kugelschreiber.

2.3.3   Umgang mit Rednerpulten

Es gibt noch etwas, das Gestik behindert, und es wurde erfunden, weil sich unser Kleinhirn unwohl damit fühlt, der Aufmerksamkeit ohne Deckung ausgesetzt zu sein. Die Rede ist vom Rednerpult. Oft ein wuchtiges Möbel und nie transparent. Als Textablage täte es auch ein graziler Notenständer. Aber wir fühlen uns sicherer hinter einem massiven Pult. Wenn dann noch der aufgeklappte Laptop draufsteht, ist von uns und unserer Körpersprache fast nichts mehr zu sehen. Es hilft nichts: Wer Sichtbarkeit will, muss Sichtbarkeit aushalten. Noch besser: genießen lernen.

Profi-Tipps: Präsentieren am Rednerpult
- Wenn möglich, sollten wir seitlich *neben* dem Pult stehen, damit wir gut sichtbar sind. Die meisten Pulte haben sehr bewegliche Schwanenhalsmikros installiert, diese lassen sich auch zur Seite drehen, dann sind wir immer noch gut zu hören. Noch besser: Wir tragen Lavalier- oder Bügelmikrofone.
- Wenn wir vom Pult nicht wegkommen, zumindest auf die passende Höhe achten. Die besseren Pulte sind höhenverstellbar. Je mehr vom Oberkörper sichtbar ist, desto besser. Ist das Pult nicht verstellbar und wir sind eher klein, können wir erwägen, auf eine flache Kiste zu steigen.
- War der Vorredner oder die Vorrednerin deutlich größer oder kleiner als ich, muss ich evtl. die Mikrofone nachjustieren. Sie sollten in Richtung meines Mundes zielen. Nicht zum Mikro beugen, Richtmikrofone übertragen auch bei 40 Zentimeter Abstand noch sehr gut. Normal sprechen, die Tontechniker kümmern sich schon darum, dass die Lautstärke passt.
- Auch wenn man das im Bundestag ständig sieht: am Pult nicht festhalten, nicht aufstützen, am besten nicht mal berühren. Das Pult ist eine Ablage, kein Rollator. Frei stehen mit einem Schritt Abstand. Manuskriptseiten nicht ständig ordnend zusammenschieben, das verrät überschüssige Energie und wirkt fahrig.
- Gestik höher als gewohnt (auf Augenhöhe) damit sie noch ankommt. Die Hände dürfen auch mal über dem Kopf agieren. Das verleiht dem Gesagten starken Ausdruck.

Wenn wir ohne Pult, ohne Deckung und ohne Schutzhaltung auf der Bühne stehen, sieht das schon sehr souverän aus. Von der Nullposition aus können wir jederzeit in Aktion treten. Da der Weg für die Hände von unten etwas weiter ist als von der Körpermitte, widerstehen wir der Versuchung, ununterbrochen die Luft zu verwirbeln. Die Gestik wird dosierter und absichtsvoller.

2.3.4   Gezielte Gestik

Es gibt grundsätzlich vier Möglichkeiten, das Gesagte gestisch zu unterstützen:

- rhythmisch, d. h. die Unterarme schlagen im Takt meiner Worte.
- ikonisch, d. h. die Hände malen Bilder wie bei Gebärdensprache.

- synchron, d. h. beide Hände machen spiegelbildlich das Gleiche.
- asynchron, d. h. die Hände bewegen sich unabhängig voneinander bzw. nur eine Hand bewegt sich, die andere ruht.

Rhythmische Gestik wirkt energisch und leidenschaftlich. Sie hilft, einzelne Worte besser zu betonen und verleiht dem Gesagten mehr Kraft und Bedeutung – wenn es nicht überstrapaziert wird. Wer gerne rhythmisch gestikuliert, kann darauf achten, wohin die Handflächen zeigen. Je nach Handstellung wirkt die gleiche Aussage anders (s. Abb. 2.7).

- Handflächen nach unten: Befehl, Dominanz, Distanz
- Handflächen hochkant: Rahmen, Klarheit, Struktur
- Handflächen nach oben: Einladung, Aufforderung, Offenheit

Ikonische Gestik wirkt präzise und kreativ. Sie hilft, abstrakte Botschaften griffiger zu machen und verleiht den Aussagen mehr Plastizität. Auch hier macht die Dosis die Wirkung.

Abb. 2.7 Handflächen-Sprache. (Mit freundlicher Genehmigung von © Martin Cambeis 2018. All Rights Reserved)

Gesten geben oft gute Hinweise, mit wem wir es zu tun haben. Menschen, die in der Luft imaginäre Dinge anfassen, drehen oder schieben, nutzen auch gerne Sprachbilder wie „anpacken", „Nägel mit Köpfen machen", „eintüten", „auf die Straße bringen". Handwerker-Sprache. Das sind Macher, die konkret etwas bewegen wollen. Die Gesten verraten, ob sie dabei eher grob- oder feinmotorisch vorgehen. Kopfmenschen, die sich nicht gerne die Hände schmutzig machen, sondern lieber nachdenken, nutzen entweder wenig Gestik oder sie fassen sich in Denkerpose an den Kopf bzw. neigen als Visionäre zu ausladenden Gesten.

Es sollte uns nicht schwerfallen, Botschaften in gestische Bilder zu übersetzen. Warum? Weil wir es als Kinder alle gemacht haben. Die Erinnerung daran schlummert noch im motorischen Gedächtnis. Die Hände formen Details, Prozesse, zeitliche Abfolgen usw. Wer sich inspirieren lassen möchte, kann auf Phoenix mal Nachrichtensendungen mit Gebärdendolmetscher anschauen. Es ist erstaunlich, wie vielseitig Hände erzählen können.

Am häufigsten sehen wir die Kombination aus rhythmisch und synchron, denn das ist das erste, was sich anbietet, wenn die Hände vor dem Bauch platziert sind. Das sieht ein paar Mal kraftvoll aus, verliert aber schnell an Wirkung, weil es wenig Varianz hat. Die Hände bewegen sich immer vor der Körpermitte auf und ab. Alle Botschaften sehen damit irgendwann gleich aus.

Im Kameratraining sind Teilnehmer immer wieder verblüfft, um wie viel überzeugender und interessanter sie wirken, wenn wir das Muster der Beidhändigkeit aufbrechen. Dazu helfe ich Rednern, eine Hand (ihre nicht-dominante) hängen zu lassen. Manchmal gebe ich ihnen eine kleine Hantel, damit das Gewicht sie daran erinnert, dass diese Hand jetzt hängen darf. Dann agiert zunächst nur die Schreibhand (unsere dominante Hand ist meist auch das bevorzugte Gestikinstrument). Im nächsten Schritt wechseln wir ab. Einen Satz erzählt die linke, den nächsten die rechte Hand. Wer sehen will, wie das wirkt, kann sich Reden von Ex-US-Präsident Barack Obama ansehen, der nutzt diese simple Methode sehr effektiv.

Jeder Kontrast zum üblichen Bewegungsmuster verschafft uns sofort Aufmerksamkeit. Wer viel gestikuliert, steigert seine Wirkung durch Reduktion. Mal ein paar eindringliche Sätze lang *nicht* bewegen. Wer sich wenig bewegt, hat den Vorteil, dass dann *eine* wohlplatzierte und deutliche Gestik umso größeren Effekt erzielt. Voraussetzung: Wir deuten es nicht nur an, sondern ziehen es durch.

Kleine Menschen machen sich sichtbarer, wenn sie gelegentlich Gestik über Kopf zeigen *(„sooo groß war die Fußballarena!")* und die Arme richtig hoch reißen. Das kann für den kleinen Besprechungsraum möglicherweise zu viel sein, wirkt aber auf großer Bühne genau richtig. Natürlich dürfen auch die Großen raumgreifende Gestik einsetzen. Hauptsache, es passt zur Aussage.

Weitere Anregungen hierzu finden Sie in Video 3 (Abb. 2.8).

Profi-Tipp: Spiegel-Gestik

Wenn wir eine Chronologie oder auf- und absteigende Verläufe illustrieren wollen, sollten wir bedenken, dass das Publikum uns seitenverkehrt sieht. Wenn wir also von wachsenden Gewinnen sprechen und dabei die Hand von links nach rechts ansteigen lassen, dann stimmt aus der Perspektive der Zuschauer die Laufrichtung nicht. Gleiches gilt bei einem in die Luft gemalten Zeitstrahl. Wenn wir die Bewegung umdrehen, dann stimmt das Bild aus der Blickrichtung der Zuschauer.

Abb. 2.8 Video 3: Gestik – die Möglichkeiten (https://doi.org/10.100 7/000-206)

2.3.5 Interkulturell präsentieren

Kommando zurück, wenn Sie in der arabischen Welt sprechen und präsentieren, denn Araber schreiben von rechts nach links. Zwischen Kairo und Dubai gilt: Mach es so wie immer, dann stimmt es für diese Zielgruppe. Überhaupt sollten wir bei internationalen Auftritten bedenken, dass viele Kulturen mehr Körpersprache einsetzen als wir Mitteleuropäer. Vor Italienern, Franzosen, Spaniern, Portugiesen usw. brauchen Sie keine falsche Zurückhaltung zu üben. Die werden sich bestimmt nicht beschweren, dass die Gestik zu lebendig war. Weniger Gestik als wir Deutschen setzen nur einige asiatische Völker wie Japaner, Chinesen und Koreaner ein. Aber diese sind wiederum westliche Filme gewohnt und können uns in der Regel besser lesen als wir sie. Es würde auch verkrampft wirken, wenn wir versuchen würden, uns zu stark einer Körpersprache-Kultur anzupassen, die wir dem Publikum unterstellen. Sprich so, wie du bist, und alles ist gut. Viel wichtiger im Ausland sind die deutliche Aussprache und die einfache Wortwahl, wenn für die meisten Zuhörer beispielsweise Englisch nicht die Muttersprache ist.

> Gezielte Gestik ist der Scheinwerfer für Worte: Spot an, Spot aus.

Wenn mein Satz oder Gedankengang beendet ist, gehe ich wieder in die Nullposition zurück. So setze ich automatisch eine Zäsur und vermeide, ohne Punkt und Komma zu reden. Wenn die Hände nämlich auf Halbmast wie ein Komma in der Luft hängen, gehen wir auch selten mit der Stimme runter und reihen Halbsatz an Halbsatz. Das ist mühsam für die Zuhörer. Gehen die Hände runter, senkt sich meist auch die Stimme. Kurze Verschnaufpause für alle: die Stimme, die Hände, die Zuhörer.

Nicht nur die Gestik verträgt Varianz, auch die Stimme. Wobei hier das wichtigste Gestaltungsmittel die Pause ist. Im nächsten Kapitel lernen wir eine kleine und wirkungsvolle Technik kennen, um Inhalt, Gestik und Stimme zu synchronisieren.

Zusammengefasst
- Die Hände dürfen alles – außer sich aneinander festhalten.
- Hände hängen lassen ist die Parkposition für Profis.
- Gezielte Gestik ist dosiert und abwechslungsreich.
- Rednerpulte sind eine Gestik-Falle – Abstand halten!

2.4   Stimme

Der natürlichste Rhythmus des Lebens ist die Atmung. Während meiner Gesangsausbildung habe ich gelernt, dass Atmung am besten funktioniert, wenn wir sie in Ruhe lassen. Es gibt erstaunlicherweise Atemkurse und jede Menge schlaue Bücher über Atemtechnik. Ich will das nicht abtun, das ist alles sicherlich wertvoll. Doch wenn wir einigermaßen gesund sind, sollte Atemarbeit unnötig sein. Atmen begleitet uns ja vom ersten bis zum letzten – Atemzug. Meistens unbewusst und komplett automatisiert. Atmen geht wie von selbst.

> Atmen braucht keine Technik – wir üben das seit unserer Geburt und können es im Schlaf.

Bevor Atemtherapeuten aufschreien: Natürlich gibt es manchmal Probleme mit unserer Atmung und gute Übungen dafür. Wenn wir vorwiegend sitzend arbeiten, atmen wir den ganzen Tag über langsam und flach. Das ist das Atemmuster der Trauer. Dann denkt unser Hirn unbewusst, wir seien traurig, und irgendwann verfestigt sich das tatsächlich zur Depression, weil die äußere Haltung irgendwann zur inneren wird. Oder wir sind unter Zeitdruck, dann atmen wir flach und schnell. Das Atemmuster der Angst. Wir sind gar nicht in Gefahr, aber fühlen uns gehetzt, weil wir uns so benehmen, als seien wir es.

> Lieber tief und langsam atmen als schnell und flach.

Daher hier in aller Kürze eine Atemübung, die jedem gut tut: ab und zu mal aufstehen und tief und langsam durchatmen. Wer mag, streckt beim Einatmen die Arme nach oben und lässt sie beim Ausatmen sinken. Ein paarmal wiederholen, jedes Mal noch tiefer und langsamer. Genießen. Tief und langsam atmen wir, wenn wir uns gut fühlen und zufrieden sind. So können wir diesen Zustand physiologisch evozieren. Wer gestresst oder bedrückt ist, steht am besten auf und atmet mal durch. Diese Übung hilft auch vor einer Präsentation.

2.4.1 Sprech-Yoga – Die Kunst der Pause

Den Rhythmus des Atems können wir auch nutzen, um wichtige Aussagen mit mehr Wirkung auszusprechen. Der gängige Irrtum über die Atmung ist, es sei eine Zweierbewegung: ein und aus. Wenn wir unseren Atem einmal in einer Ruhephase beobachten, stellen wir allerdings fest, dass es tatsächlich drei Phasen sind:

1. Einatmen
2. Ausatmen
3. Pause

Ein Dreierschritt wie beim Walzer. Genial eingerichtet von der Natur. Wir machen auch beim Atmen mal Pausen, sonst könnten wir das vielleicht nicht so lange durchhalten. Beim Einatmen entspannt sich das Zwerchfell und die Lungenflügel weiten sich. Beim Ausatmen kontrahiert das Zwerchfell, die Lungenflügel geben nach. Dann kommt ein kleiner Moment der Stille, bevor das Zwerchfell wieder den Impuls hat, neue Luft anzusaugen. Ein, Aus, Pause. Wenn wir diesen Rhythmus auf das Sprechen übertragen, kommt mehr Ruhe und Kraft in unsere Worte (s. Abb. 2.9).

* Einatmen: einen Gedanken fassen
* Ausatmen: den Gedanken aussprechen
* Pause: den Gedanken wirken lassen

Abb. 2.9 Sprech-Yoga. (Mit freundlicher Genehmigung von © Martin Cambeis 2018. All Rights Reserved)

Für die Zuhörer wirkt das so:

- Einatmen: Aufmerksamkeit
- Ausatmen: Zuhören
- Pause: Verstehen

Die Wirkung der Pausen erhöhen wir noch durch den sog. Stimm-Tiefschluss. Er ist das Gegenmittel für eine weit verbreitete Unsitte: den Girlandensatz (s. Abb. 2.10). Viele bleiben an jedem Satzende mit der Stimme oben (Stimmhochschluss). Wir hören nie einen Punkt, es hört sich an wie ein sehr langer Satz mit etlichen Nebensätzen. Die Stimme bleibt jedes Mal oben, gefühlt ist nie ein Gedanke abgeschlossen. Das wirkt unsicher, weil jede Aussage klingt, als hinge ein Fragezeichen dran. Zum anderen ist es mühsam, den Gedanken zu folgen, wenn sie als end-loser Güterzug daher kommen. Wir hören keine Struktur und bekommen keine Pause zum Verdauen, Einordnen, Sackenlassen.

Abb. 2.10 Sprachmelodie Girlande. (Mit freundlicher Genehmigung von © Martin Cambeis 2018. All Rights Reserved)

Wer zur Girlande neigt, merkt es selbst oft nicht, und es fällt zunächst schwer, dieses Muster zu durchbrechen. Machen Sie doch einfach einmal eine Aufnahme mit Ihrem Smartphone, wenn Sie etwas erzählen, und hören Sie sich das Gesprochene anschließend an: Gehe ich auch mal runter mit der Stimme oder bleibe ich im Aufzähl-Modus und reihe Nebensatz an Nebensatz? – „Nun mach aber mal nen Punkt!"

Mit folgender Übung habe ich bis jetzt auch die hartnäckigsten Girlanden aufgelöst: Wir stellen uns mit einer Flasche Wasser (am besten Plastikflasche) vor einen Tisch und erklären etwas (irgendwas). Dabei bilden wir kurze Sätze. Bei jedem Satzende gehen wir deutlich mit der Stimme runter und stellen gleichzeitig mit dem Punkt kraftvoll die Flasche auf den Tisch. Pause. Das letzte Wort in jedem Satz landet auf dem Tisch. Irgendwann merkt sich die Stimme, wie es geht.

Mit Sprech-Yoga bekommen wir mehr Ruhe in unseren Sprechrhythmus. Das strahlt Autorität und Sicherheit aus. Und die Zuhörer bekommen Wirkungspausen, um über das Gesagte nachzudenken. Selbst Banalitäten klingen bedeutungsvoll, wenn wir sie so aussprechen. Mit langen, spannungsgeladenen Pausen. Denn die Pause ist kein Erschlaffen, sondern eher das, was man in der klassischen Musik als Fermate kennt: einen Moment lang verzögern und die Spannung halten.

Durch die Pausen wird auch das Sprechtempo insgesamt etwas ruhiger. Das lässt uns weniger aufgeregt wirken. Und plötzlich klingen alle Aussagen viel gewichtiger.

> Eine Rede halten ist wie ein Baby füttern. Nicht stopfen, sondern Löffel für Löffelchen und dazwischen auch mal warten, ob das Kind gut schluckt.

Wer vom Meister der Kunstpause lernen möchte, kann sich auf YouTube alte Interviews mit Ex-Bundeskanzler Helmut Schmidt ansehen. Mein Favorit ist ein Ausschnitt aus der Sendung „Zur Person" des Journalisten Günter Gaus vom 8. Februar 1966 (zu finden auf dem YouTube Kanal happybirthdayhelmut). Da gibt Schmidt dem Journalisten auf dessen Frage eine eher einsilbige Antwort, baut davor aber maximale Spannung mit einer zehn Sekunden langen Pause auf, während der er sich in aller Ruhe eine Zigarette anzündet.

> **Warnhinweis**
>
> Wenn Sie einen ganzen Vortrag lang Sprech-Yoga machen, springen die Leute irgendwann an die Decke. Dann wird die Langsamkeit wieder zum Störsignal. Jedes rhetorische Mittel hat seine Wirkungsgrenze ab der mehr vom Gleichen nichts mehr bringt und wir wieder Wirkung verlieren, wenn wir nicht eine andere Platte auflegen. Sprech-Yoga hilft sehr bei den ersten Sätzen, am Schluss und immer dann, wenn es wichtig wird: Kernaussagen, Betroffenheit, Nachdenklichkeit, Eindringlichkeit, rhetorische Fragen. Dazwischen bitte wieder in lockeres Parlando kommen, sonst denken die Zuhörer, Sie hätten Valium geschluckt.

Jetzt sind wir schon beim Atmen und Sprechen und haben noch gar nicht über die Stimme gesprochen. Der britische Kommunikationsexperte Julian Treasure (2013) erinnert uns in seinem TED-Talk daran, dass sie das einzige Instrument ist, das wir alle spielen. Und dass sie ein sehr mächtiges Instrument ist. Wir können damit Kriege erklären oder „Ich liebe dich" sagen.

2.4.2 Stimme ist Stimmung

Wenn die Augen der Spiegel der Seele sind, dann ist die Stimme der Spiegel unserer Gefühle. Ob wir müde sind oder munter, aufgeregt oder genervt – die Stimme verrät es üblicherweise. Es fällt uns leichter, unsere Mimik zu kontrollieren und ein Pokerface aufzusetzen, als unsere Gefühle in der Stimme zu verstecken. Wenn wir sehr nervös sind, hört man das meistens. Aber man hört ebenso, wenn wir begeistert sind. Oder man hört: wenig.

Bei manchen hat die Stimme im Laufe der Zeit an Volumen und Beweglichkeit eingebüßt. Vielleicht sagen Sie: Meine Stimme war noch nie besonders kräftig oder ausdrucksstark. Einspruch! Als Baby konnten Sie genauso wie alle anderen Babys mühelos und mit Ausdauer schreien, ohne heiser zu werden. Durchdringend und volles Volumen. Dafür sind wir von der Natur ausgestattet. Gute Sänger erhalten sich diese Fähigkeit. Sprechen ist eine Kulturtechnik. Die Evolution hat ab dem Gesang keine Updates mehr veröffentlicht. Wer aufhört zu singen und nur noch spricht, bei dem atrophieren viele der Muskeln des Stimmapparates (es sind mehr als 40), die wir beim Sprechen nicht brauchen. Viele haben daher matte oder farblose Sprechstimmen. Und viele mögen ihre Stimme nicht. Zum Trost: So wie wir selbst sie hören, hört sie kein anderer. Die anderen hören nur die Schallwellen. Wir selbst hören uns zusätzlich direkt über die innere Knochenleitung. Hören wir eine Tonaufnahme unserer Stimme, fehlen für unsere Ohren diese Frequenzen und wir denken: Das soll meine Stimme sein?! Man gewöhnt sich daran, wenn man öfter Aufnahmen von sich hört. Wer mehr aus seiner Stimme machen möchte, hat zwei Möglichkeiten:

1. Gesangsunterricht nehmen. Ich verspreche Ihnen, schon nach drei Jahren zeigen sich erste Erfolge.
2. Seine Stimme akzeptieren, wie sie ist. In pathologischen Fällen hilft die Logopädie.

Abb. 2.11   Video 4: Stimme macht Stimmung (https://doi.org/10.1007/000-205)

Okay, das war nicht ganz ernst gemeint. Es gibt noch einen dritten Weg: Das Beste machen aus dem, was da ist. Und da geht einiges. Sehen Sie sich einmal die Anregungen in Video 4 (Abb. 2.11) an. Eine weitere Möglichkeit haben wir mit Sprech-Yoga gerade kennengelernt.

2.4.3   Der Brustton der Überzeugung

Eine andere Möglichkeit, mehr aus der eigenen Stimme zu machen, ist der sog. Stimmsitz (auch Register genannt). Wir können nasal sprechen wie Theo Lingen (nicht zu empfehlen), aus dem Hals heraus (das tun viele) oder darauf achten, dass unsere Stimme von weiter unten kommt. Aus Bauch und Brust heraus, das lässt sie voller und wärmer klingen. Wir sprechen dann „im Brustton der Überzeugung". Solche Stimmen mögen wir, sie strahlen mehr Kompetenz und Sicherheit aus. Das geht zuverlässig nicht, wenn wir gestresst oder zu emotional sind, denn in der Ruhe liegt die Kraft.

Beispiel

Anfang der 90er-Jahre war Thomas Gottschalk mein Chef beim Hörfunk. Wir hörten uns gemeinsam Mitschnitte meiner Sendungen an und er gab Feedback. „Warum quäkst du so?" Offenbar hatte ich als Junge zu oft Otto Waalkes imitiert und verfiel bei Pointen in die Harry-Hirsch-Stimme. Thomas sagte: „Das passt nicht zu dir. Du hast eine sonore Stimme. Die Hörer lieben das, bleib in dieser Stimmlage."

Manche Menschen sprechen ein Leben lang nicht in „ihrer" Stimmlage, sondern ahmen die Melodie eines anderen nach. Andere sind zwar in ihrer Tonlage, aber haben jede Beweglichkeit verloren. Sie sprechen alles auf dem gleichen Level, das erscheint dann monoton. Wie wollen wir mit Worten bewegen, wenn sich schon die Stimme nicht bewegt?

2.4.4 Modulation

Das wirkungsvollste Gestaltungsmittel unseres Kehlkopfinstruments heißt Modulation. Dazu muss man keine Ausbildung machen. *Jeder* kann etwas mehr mit der Stimme spielen. Die vier wichtigsten Regler sind:

- Volumen (laut/leise)
- Tonalität (hart/weich)
- Tempo (schnell/langsam)
- Rhythmus (flüssig/akzentuiert)

Wieder gibt es kein Richtig oder Falsch. Faustregel: Abwechslung hilft. Wie auch immer wir sprechen, wenn wir das zehn Minuten lang ohne Veränderung durchziehen, wird es eintönig. Egal, welche Wirkung das in den ersten zwei Minuten hatte, sie verpufft allmählich.

> Das Zaubermittel, um die Aufmerksamkeit immer wieder neu zu gewinnen, heißt Varianz.

Manche Redner sind stolz auf ihre dröhnend laute Stimme. Das ist hilfreich in einem großen Saal, wenn das Mikrofon ausgefallen ist, wirkt aber eher unhöflich, wenn auch das kleine Meeting so beschallt wird. Eine kräftige Stimme füllt den Raum. Ein kluger Redner lässt auch den anderen noch Platz.

Der Unterschied zwischen kräftig und laut ist die Grenze des Wirkungsverlustes. Manche denken, sehr laut zu werden würde Autorität signalisieren. Doch wer schreit, hat erst die Nerven und dann den Kampf verloren. Das kennen wir von Lehrern. Diejenigen, die schreien, wirken nicht durchsetzungsstark, sondern hilflos. Wer wirklich machtvoll ist, klingt eher wie die markanten Filmbösewichte. Die schreien nicht, sondern sprechen ihre Drohung mit leiser, finsterer Anspannung aus.

Aufmerksamkeit gewinnen

Die Aufmerksamkeitsspanne von Menschen nähert sich dank Reizüberflutung und Smartphone derjenigen von Goldfischen an. Es wäre illusorisch anzunehmen, dass man Menschen bei einem 45 min-Referat von der ersten bis zur letzten Sekunde auf höchstem Spannungsniveau fesseln könne. Die Aufmerksamkeit ist am Anfang und am Schluss besonders hoch, dazwischen wird sie absinken und schwanken. Hier sind einige Optionen, um sich die Aufmerksamkeit wieder zu holen:

- Standpunkte wechseln
- Sprechweise verändern (Volumen, Ton, Tempo, Rhythmus)
- Gestikmuster durchbrechen (deutliche Veränderung)
- Medienwechsel (Video, Flipchart, Folie an/aus)
- Interaktive Elemente (rhetorische Frage, Abstimmung usw.)
- Demonstration (ein Schaustück zeigen oder etwas vormachen)

Öfter mal was Neues hilft, die Zuhörer interessiert zu halten. Es reichen oft kleine Impulse.

2.4.5 Dialekt oder Hochsprache?

Dialekt

Einen überraschenden Effekt können wir auch mit einigen Worten im Dialekt erzielen, sofern wir über einen verfügen. Denn die Stimme verrät nicht nur die Stimmung, sondern oft auch die Herkunft des Sprechers. Aus welchem Land, welcher Region kommen wir, welchen Akzent sprechen wir? Viele Dialektsprecher arbeiten hart daran, sich die Kanten des Heimatsounds abzuschleifen und sauberes Hochdeutsch zu sprechen. Sie befürchten Nachteile für die Karriere in einem gesamtdeutschen oder interkulturellen Umfeld, wenn sie zu sehr nach Dorf klingen. Diese Sorge ist nur teilweise begründet. Manche Mundarten sind bundesweit beliebt und gelten als sympathisch.

Natürlich besteht die Gefahr, dass jemand, der stark Dialekt spricht, kaum verstanden wird und die anderen ihm eine geringere Sprachkompetenz oder gar Intelligenz unterstellen könnten. Das Gegenteil ist der

Fall. Wer neben der Mundart in der Schule Hochdeutsch gelernt hat, ist gleichsam zweisprachig aufgewachsen. Das Gehirn ist von klein auf daran gewohnt, zwischen zwei Sprachen hin- und herzuwechseln, wodurch eine gewisse geistige Beweglichkeit eingeübt wird.

Und Dialekt hat weitere Vorteile. Mit Menschen aus der gleichen Region können wir sofort eine wärmere Atmosphäre herstellen. Gleiche Herkunft verbindet. Man versteht sich. Dialekt gibt der Sprache auch Kraft. Landsmannschaftlich lässt sich am besten fluchen, und wir sprechen nicht umsonst von Kraftausdrücken. Ein regionaler Akzent strahlt Bodenständigkeit aus. Unbewusst nehmen wir an, dass ein Dialektsprecher nicht bei nächster Gelegenheit mit der Vereinskasse nach Rio durchbrennt. Wer Mundart spricht, hat Heimat und ist dort verwurzelt. Der bricht nicht von heute auf morgen die Zelte ab, der ist verlässlich.

Hochdeutsch

Angeblich spricht man im Raum Hannover gutes Hochdeutsch. Wer stark Bairisch, Sächsisch oder Schwäbisch schwätzt, könnte leicht Minderwertigkeitskomplexe bekommen, wenn er sich mit dieser deutlichen Aussprache vergleicht. Warum sprechen die Menschen in Niedersachsen fast akzentfrei? Weil sich ihr Dialekt, das Platt, nur in kleinen Sprachinseln erhalten hat. Und das hat mit der Kirchenspaltung zu tun.

Die Entstehung von Schrift- bzw. Hochdeutsch: dem Volk aufs Maul geschaut

Als Luther das Neue Testament übersetzte, schaute er dem Volk „aufs Maul" – aber auf welches? Das Heilige Römische Reich Deutscher Nation seiner Zeit war ein kleinstaatlicher Flickenteppich mit etwa 20 verschiedenen Dialekten und Mundarten. Grob gesagt wurde im flachen Norden Niederdeutsch gesprochen, im höher gelegenen Süden Hochdeutsch (nieder und hoch verweisen auf die Topografie). Die sog. Benrather Linie markiert die Grenze der Lautverschiebung. Nördlich davon sagte man *Dorp, Water* und *maken*, südlich davon *Dorf, Wasser* und *machen*. Martin Luther selbst sprach Thüringisch und sein Vokabular war ein Mix. Doch was die Konsonantenbildung anbelangt, lag er näher beim Oberdeutschen (Bairisch, Fränkisch, Alemannisch usw.). So wurde seine Bibelübersetzung im Süden

> besser verstanden. Doch nach der Reformation wurde der Norden evangelisch. Die Reformierten verehrten die Heilige Schrift als Wort Gottes. Wenn der Hausvorstand abends aus der Bibel vorlas, stieß er auf viele Worte, die dem Niederdeutschen fremd waren und sprach sie so aus, wie sie geschrieben waren, also „nach der Schrift". Die Folge: das Platt verschwand weitgehend (bis auf Reste wie „dat" oder „schnacken"). Und es entstand Schriftdeutsch oder Hochdeutsch.

Böse vereinfacht gesagt haben die Süddeutschen das Hochdeutsch erfunden, die Norddeutschen wussten nur nicht, wie man es ausspricht. Heute haben sie dank sauberer Artikulation einen Vorteil. Aber ein leichter dialektaler Akzent ist kein Nachteil, sondern eine Färbung, die unserer Sprache Charakter verleiht.

> **Profi-Tipps: Aussprache**
> - Süddeutsche sprechen die Endung –ig, wie man sie schreibt. Die korrekte Aussprache ist -ich, also König = *Könich,* wenig = *wenich* usw. Außer das -ig ist in der Wortmitte, dann natürlich nicht könichlich, sondern königlich. Und nie bei Eigennamen, daher bleibt Ludwig Ludwig und Leipzig Leipzig.
> - Norddeutsche sprechen oft ein zu kurzes und helles a. Das Bad klingt dadurch als würde es „Batt" geschrieben. Das korrekte a ist gedehnter, so wie in „klar" oder „Afrika".

Wer an seiner deutlichen Aussprache arbeiten möchte (oder sollte!) kann mit dem berühmten Korken üben. Den Korken einer Weinflasche zwischen die Vorderzähne stecken und dann laut einen Text lesen. Das zwingt zu mehr Arbeit von Lippen und Zungenbein und führt recht schnell zu besserer Artikulation.

2.4.6   Betonung zeigt Bedeutung

Betonung ist das zum Leben erwecken von Wörtern und Sätzen durch stimmliche Mittel. Ein Stück weit tun wir das alle, keiner spricht wie die Roboter in alten Science Fiction Filmen. Mehr Betonung würde den meisten allerdings nicht schaden. Dann wird deutlicher, welche Worte wichtig sind.

Idealerweise betonen wir stimmig, also passend zum Inhalt (Kongruenz). Und abseits unserer üblichen Ausdruckspfade. Wer eine kräftige Stimme hat, erzielt mehr Wirkung, nicht durch noch mehr Lautstärke, sondern betont wichtige Worte besser mit leiser Stimme. Schnellsprecher sollten ab und zu bewusst langsam werden, Bedächtige mal Fahrt aufnehmen usw. Die Wahrnehmungspsychologie kennt das als Restorff-Effekt: Was sich abhebt, können wir uns besser merken. (Restorff 1933) Daher Kontraste setzen und bei wichtigen Aussagen das eigene Vortragsmuster aufbrechen. Überbringen wir schlechte Nachrichten, können wir sie abmildern, indem die Stimme weicher klingt (Kreide fressen). Berichten wir über tolle Produkte, Prozesse, Entdeckungen, darf eine Spur Märchenerzähler in die Stimme kommen. Wie würde das als gutes Hörbuch klingen? Wie würde ich Kindern eine spannende Geschichte erzählen? So verschaffen wir uns auch in längeren, vermeintlich trockenen Präsentationen immer wieder höchste Aufmerksamkeit. Oft reicht es beispielsweise, eine Zahl zu betonen:

Beispiel
- „Wir haben im letzten Jahr unsere Produktionskosten um 13 % reduziert."
  Wissen denn die Zuhörer, ob das viel oder wenig ist? Warum nicht auf Nummer sicher gehen und durch Betonung die Bedeutung hörbar machen?
- „Wir haben im letzten Jahr *(Pause, Pause, jetzt steigt die Aufmerksamkeit weil alle wissen, gleich kommt eine wichtige Zahl)* unsere Produktionskosten um **13 %** reduziert – **drei-zehn-Pro-zent.**"
  Jetzt spüren alle, dass das eine Riesenleistung war.

Alle diese Aspekte wirken vor Publikum nur dann, wenn sie deutlich eingesetzt werden.

Übliche Bedenken an dieser Stelle lauten:

- „Ist das nicht übertrieben?" Es fühlt sich nur für uns übertrieben an (Innenwirkung), dem Zuhörer hilft es, die Botschaft einzuordnen

(Außenwirkung). Wir denken, wir geben 100 %, tatsächlich kommen aber nur 70 % raus und 50 % an. Fühlt es sich übertrieben an, sind wir meist auf der richtigen Spur.

- „Das kann ich so bei uns nicht bringen." Viele *denken,* das könnten sie so nicht bringen. Aber ist das amtlich? Probieren Sie es einfach aus. Was kann schlimmstenfalls passieren? Wahrscheinlich fallen Sie positiv auf. Es gibt schlimmeres …
- „Ja, aber das bin doch dann nicht mehr ich." Doch, das sind immer noch Sie – nur eine wirkungsvollere Version. Ungewohnt für Sie, erfrischend für die anderen.

Und damit zur größten Befürchtung vieler Menschen, die auf Geheiß der Firma ein Präsentationstraining besuchen: „Ich möchte mich nicht verbiegen lassen, ich will ich bleiben!" Interessanterweise wollen die einen authentisch *bleiben,* die anderen wollen es *werden.* Dazu mehr in Kap. 3.

Zusammengefasst
- Wirkungspausen sind wertvoll für uns und die Zuhörer (siehe Video 5, Abb. 2.12).
- Eine gute Stimme sitzt in der Brust, nicht im Hals.
- Modulation macht den Vortrag lebendig.
- Betonung macht Bedeutung hörbar.

Körpersprache & Präsentation Profi-Tipp: Mach mal Pause!

Abb. 2.12 Video 5: Mach mal Pause (https://doi.org/10.1007/000-208)

Literatur

Binetti N, Harrison C, Coutrot A, Johnston A, Mareschal I (2016) Pupil dilation as an index of preferred mutual gaze duration. R Soc Open Sci 3:160086. https://doi.org/10.1098/rsos.160086. Zugegriffen am 13.08.2020

Lentz T (2014) 1815. Der Wiener Kongress und die Neugründung Europas. Siedler, München

von Restorff H (1933) Über die Wirkung von Bereichsbildungen im Spurenfeld. Psychol Forschung 18:299–234

Treasure J (2013) So reden, dass andere einem zuhören wollen. TED Conference Edinburgh, Juni 2013. https://www.youtube.com/watch?v=eIho2S0Za hI&feature=youtu.be. Zugegriffen am 13.08.2020

3

Authentizität – Echt in der Rolle

Zusammenfassung Authentisch sein wird oft missverstanden als: so bleiben, wie ich bin. Das würde persönliches Wachstum als Redner erschweren. Dieses Kapitel bietet eine andere Definition von Authentizität. Sie geht davon aus, dass wir einerseits situativ verschiedene Rollen einnehmen und andererseits keine Schauspieler sind. Wir füllen die Rollen also immer mit unserer eigenen Persönlichkeit – mit welcher auch sonst? Je weniger wir uns hinter der professionellen Maske verstecken, desto echter wirken wir. Dann klappt es auch mit dem echten Lächeln und einer organischen Weiterentwicklung zu mehr Wirkung.

„Be yourself – everybody else is already taken." (Anonym) Andere kopieren ist sinnlos, denn die gibt es ja schon. Sei du selbst. Prima, und wie geht das? Das Dilemma vieler: Sie wollen besser werden und zugleich ganz der Alte bleiben. Bitte mehr Wirkung, aber bloß kein antrainierter Schnickschnack, ich will authentisch bleiben.

„Zwei Seelen schlagen, ach, in meiner Brust" lässt Goethe seinen Faust sagen. Das war vor der Entdeckung der Psyche. Heute gehen wir eher vom inneren Team aus, das deutlich größer ist. Der deutsche Kommuni-

© Springer Fachmedien Wiesbaden GmbH, ein Teil von Springer Nature 2021
D. U. Schott, *Souverän präsentieren – Die erste Botschaft bist Du*,
https://doi.org/10.1007/978-3-658-30660-1_3

kationswissenschaftler Friedemann Schulz von Thun hat diesen Begriff geprägt (Schulz von Thun 1989). In inneren Konflikten melden sich die verschiedensten Stimmen in uns zu Wort, und das hat nichts mit Schizophrenie zu tun. Wir sind paradoxerweise oft zugleich mutig und ängstlich, vernünftig und rebellisch, hilfsbereit und egoistisch und müssen bei inneren Konflikten erst aushandeln, welches unserer Motive die Oberhand haben und das Handeln bestimmen soll.

Wer also fordert, er wolle sich treu bleiben, den könnte man fragen: Wem genau willst du treu bleiben? Welchem der vielen Aspekte deines inneren Teams, deiner Persönlichkeit, deines Selbstbildes? Wer von uns kann mit Bestimmtheit sagen: Ich weiß genau, wer ich bin, meine Entwicklung ist abgeschlossen? Ist es nicht so: Wir wissen heute mehr über uns als vor zehn Jahren. Ist es nicht naheliegend anzunehmen, dass wir in zehn Jahren wieder mehr über uns wissen werden als heute? Wir kennen nie alle unsere Facetten. Um es mit dem Philosophen Richard David Precht zu sagen: „Lebewesen mit einer Psyche überschauen sich nicht völlig selbst." (Precht 2012).

3.1   Was heißt authentisch?

Bei uns selbst verwechseln wir authentisch zuweilen mit „gewohnt". Wenn wir an Soft Skills wie Kommunikation arbeiten und dabei unseren gewohnten Rahmen (unsere Komfortzone) verlassen, kann es sein, dass sich das zunächst nicht authentisch, sprich ungewohnt anfühlt. Aber wer weiß, vielleicht entwickeln wir uns gerade in Richtung einer größeren Authentizität?

Der Sorge, „nicht authentisch" zu sein, liegt eine unklare Definition des Begriffes zugrunde. Das gängige Verständnis lautet:

* authentisch: ganz ich selbst
* nicht authentisch: sich verstellen

Darin stecken zwei Irrtümer. Der erste ist die Annahme, wir wüssten, wer oder was „ganz ich selbst" ist. Dem unterliegt die Vorstellung, wir hätten einen festen, unveränderlichen Wesenskern. Doch den hat noch kein Hirnforscher lokalisieren können. Die Metapher eines Kerns erscheint uns nur deshalb stimmig, weil wir ein subjektives Gefühl von biografischer Kontinuität haben. Dabei erneuern sich unsere Zellen ständig, und zugleich werden wir älter und hoffentlich auch klüger. Wir verändern uns wie alles Lebende fortlaufend, nur meist langsam und unmerklich. Und auch im Alltag sind wir nicht immer „ganz ich selbst". Denn wir verhalten uns nicht immer gleich.

3.1.1 In welcher Rolle präsentiere ich?

Wir nehmen im Laufe eines Tages verschiedene Rollen und Haltungen ein: Kollege, Kundin, Managerin, Verkäufer, Feedbackgeber, Entscheiderin, Unterstützer, Freundin, Ratgeber usw. Manche meinen, nur zuhause seien sie authentisch, im Job nicht. Das ist ein Missverständnis, wir sind hoffentlich in beiden Umgebungen wir selbst, nur zeigen wir jeweils andere Seiten von uns. Oder wir zeigen hier mehr und dort weniger von uns. Wir sind vielleicht zuhause gelöster, im Job angespannter und bei manchen ist es genau umgekehrt. Aber wir sind immer wir selbst. Wer auch sonst? Je nach Situation geben wir uns unterschiedlich und verändern auch unsere Körpersprache und Wortwahl.

> Rollen haben nicht nur Schauspieler, sondern wir alle ständig.

Nicht authentisch wirken wir dann, wenn wir versuchen, uns hinter einer Rolle zu verstecken. *Verstecken* gelingt einigen ganz gut. *Verstellen* können wir uns nicht wirklich.

3.1.2 Wir können nicht schauspielern

Das ist der zweite Irrtum, nämlich die Annahme, wir könnten tatsächlich anderen etwas vormachen. Das können wir in der Regel nicht, es sei denn, wir sind sehr begabte Schauspieler. Selbst der gescheiterte Versuch, anderen etwas vorzumachen, verrät etwas über unsere Person und ist somit selbstoffenbarend und – auf verquere Art – authentisch.

Abb. 3.1 Wir sind keine Schauspieler. (Mit freundlicher Genehmigung von © Martin Cambeis 2018. All Rights Reserved)

An Weihnachten verkleiden sich Väter mit weißem Bart und roter Mütze als Nikolaus, verstellen die Stimme und machen „Ho-Ho-Ho!" Aber nur die ganz Kleinen fallen auf den Mummenschanz herein. Die größeren Kinder checken sofort: Das ist der Papa, der sich als Nikolaus verkleidet hat. Lustig (s. Abb. 3.1).

3.2   Warum falsches Lächeln nie echt wirkt

Als Edmund Stoiber 2002 als Kanzlerkandidat gegen Gerhard Schröder antrat, rieben sich viele Bayern vor dem Fernseher die Augen. Der damalige CSU-Ministerpräsident war als akribischer Aktenfresser bekannt, aber nicht unbedingt als Naturlächler. Um auch nördlich des Weißwurst-Äquators zu punkten hatte ihm offenbar ein Coach geraten, mehr zu lächeln. Das sollte sympathischer wirken. Stoiber schmiss also nach verschraubten Sätzen unvermittelt die Grinssteuerung an, und jeder – aber auch wirklich jeder – konnte sehen, dass das nicht echt war, nicht von innen kam. Es wirkte gequält. Das war inkongruent und im herkömmlichen Sinne nicht authentisch. Nach meiner etwas speziellen Definition durchaus authentisch. Man sah den Ehrgeiz und Fleiß, das ehrliche Bemühen, alles richtig zu machen. Alles Eigenschaften, die Stoiber als Politiker ausgezeichnet haben. Geholfen hat es nicht, weil es zu gewollt war. Doch ich glaube nicht, dass mehr Lächeln grundsätzlich nicht zu ihm gepasst hätte. Es hätte nur ein echtes Lächeln sein müssen. Dabei lachen die Augen mit und diese feinen Gesichtsmuskeln können wir nicht willkürlich bewegen – das kommt von innen heraus oder gar nicht.

Hätte er sich angewöhnt, vor jeder Rede darüber zu reflektieren, was ihm wirklich Freude bereitet, wobei er am besten entspannt und welche Menschen ihm das Herz aufgehen lassen – dann hätte sich womöglich von innen her ein echtes Lächeln auf seine Lippen gesetzt. Man kann üben, diese emotionalen Erinnerungen auf der Bühne abzurufen (im NLP heißt das „Anchoring").

Authentisch heißt echt in der Rolle

Ja, wir nehmen ständig Rollen ein und tragen manchmal sogar eine Maske, d. h. wir zeigen nur einen sehr kontrollierten Ausschnitt dessen, was wir sind. Aber wir füllen die Rolle oder Maske immer noch mit dem einzigen aus, was wir haben: unserer Persönlichkeit. Persönlichkeit kommt vom lateinischen *personare,* hindurch klingen. Hinter der Maske tönt immer etwas von uns durch. Egal, wie sehr wir uns verstecken wollen, wir sind nie ganz unsichtbar. Die anderen sehen oder spüren immer noch ein Stück weit, mit wem sie es zu tun haben – ob wir wollen oder nicht. Je mehr wir davor Angst haben, je verzweifelter wir versuchen, uns hinter der Rolle zu verstecken, desto weniger authentisch wirken wir. Je besser sich unser Wesen und unsere momentane Aufgabe decken, desto mehr zeigen wir uns auch in einer beruflichen Rolle menschlich und desto überzeugender sind wir. Dann sind Botschaft und Botschafter eins, im besten Sinne.

Man könnte also einerseits sagen, dass wir *nie* völlig authentisch sind, weil wir stets eine Rolle spielen. Oder dass wir *immer* authentisch sind, weil es ja immer wir selbst sind, die diese Rolle ausfüllen. Die Pointe ist: Das eine schließt das andere nicht aus. Die Frage ist nur: Wie viel und welchen Teil von mir zeige ich?

Authentisch heißt also: in Übereinstimmung mit mir und meiner momentanen Rolle. Ich sage und zeige nicht alles, aber was ich sage und zeige, ist echt und ehrlich.

Authentisch heißt: Es ist echt. Und echt kann man nicht faken.

Natürlich gibt es Ausnahmen, sehr begabte Lügner, die ihrem Umfeld erfolgreich etwas vormachen. Aber so etwas klappt immer nur für eine begrenzte Zeit. Wie sagte Abraham Lincoln so schön: „You can fool all the people some of the time, and some of the people all the time, but you cannot fool all the people all the time." (McClure 1901).

Beispiel

Ein schönes Beispiel dafür habe ich bei einem Hörfunksender erlebt. Wir hatten einen neuen Marketingchef, der aussah, wie man in Rosamunde-Pilcher-Verfilmungen den adligen Gentleman besetzen würde: schlank und hochgewachsen, halblanges, wellig nach hinten gekämmtes Haar mit edel ergrauten Schläfen, kultivierter Habitus. Er hatte sein eigenes Büro in einem Zwischenstockwerk, und man sah ihn im Sekretariat nur gelegentlich neues Büromaterial anfordern. Sichtbare Erfolge gab es nach einigen Wochen noch keine, aber lasst den Mann mal machen, wenn der nicht liefert, wer dann? Eines Montags erschien er nicht mehr zur Arbeit. Auswärtstermine? Krank? Weiß jemand was? Nach einer Schamfrist von einigen Tagen wurde seine Bürotür aufgebrochen. In den Regalen nur leere Ordner. Der Mann war weg und mit ihm sein Dienstwagen, ein 7er BMW. Man war auf einen Hochstapler hereingefallen.

War er authentisch? Ich denke ja, denn er hat sich den Erfolgsmenschen wohl selbst geglaubt, sonst hätte er das nicht so überzeugend durchziehen können. Er war in Übereinstimmung mit seinem Selbstbild und seiner professionellen Rolle – zumindest nach außen. War er ehrlich? Offenbar nicht. Authentisch und ehrlich sind nicht immer deckungsgleich.

3.3 Organische Weiterentwicklung

Authentisch muss also nicht heißen, weiter mittelmäßig zu präsentieren, nur damit ich mir treu bleibe. Wir müssen uns nicht komplett in die Tonne treten und ein anderer werden. Wir wollen unsere bisherigen Ausdrucksmöglichkeiten nicht ersetzen sondern *erweitern*. Denn der Kontext, in dem wir uns bewegen, verändert sich ständig und stellt immer wieder neue Herausforderungen an uns. In dem Maße, wie wir in neue Verantwortlichkeiten und Rollen hineinwachsen, darf auch unsere Persönlichkeit mitwachsen. Nicht sprunghaft, aber organisch. Wenn wir gestern noch Leisetreter waren und heute auf die Pauke hauen, fällt das auf. Als kämen wir aus dem Wochenende mit Fettabsaugung und glatt gezogener Stirn zurück und würden allen weismachen wollen, das sei nur der erholsame Schlaf gewesen.

Gehen wir Schritt für Schritt voran, stehen wir irgendwann woanders, nur ist die Bewegung nicht so aufgefallen. Die Leute bemerken die positive Veränderung, aber sind sich nicht sicher, ob sie bisher einfach nur übersehen haben, wie überzeugend wir präsentieren.

> Gute Weiterentwicklung ist wie dezentes Make-up. Nicht auffällig, wirkt aber trotzdem.

Wir sind immer noch wir selbst, aber eine bessere Version: selbstbewusster, deutlicher, prägnanter, mitreißender. Warum? Weil wir fester stehen, Sprechpausen machen, Gestik dosiert, aber sinnvoll einsetzen, Augenkontakt herstellen usw. Alles kleine Veränderungen mit großem Effekt auf die Außenwirkung.

Je mehr wir uns mit unserem Thema identifizieren, desto glaubwürdiger und authentischer wirken wir. Was aber, wenn wir trockene Fakten oder schlechte Zahlen präsentieren müssen? Dafür kann man sich kaum begeistern? Na, dann hilft schon mal gute Vorbereitung und eine Relevanz-Aussage. Mehr dazu in Kap. 4.

Zusammengefasst

* Wir nehmen Rollen ein und sind doch immer wir selbst.
* Je nach Situation zeigen wir mehr oder weniger von uns.
* Authentisch heißt ehrlich und echt im Kontext.
* Weiterentwicklung passiert in kleinen Schritten.

Literatur

McClure A (1901) Abe Lincoln's Yarns and stories. International Publishing Company, Philadelphia

Precht RD (2012) Die Kunst, kein Egoist zu sein. Goldmann, München

Schulz von Thun F (1989) Miteinander reden 3. Rowohlt, Reinbek bei Hamburg

4

Vorbereitung – Passgenau für die Zielgruppe

Zusammenfassung Gute Vorbereitung heißt, nicht nur über meine Inhalte, sondern vor allem über mein Publikum nachzudenken. Die 5 W-Fragen helfen uns sicherzustellen, dass Inhalt und Aufbereitung relevant für unsere Zielgruppe sind und wir Klarheit über das Ziel der Präsentation haben. Mit Storyboarding lernen wir eine bewährte Methode kennen, um eine Präsentation prägnant und klar strukturiert aufzubauen. Dabei werden zunächst generische Kapitel wie Eröffnung, Agenda und Zusammenfassung definiert und dann schrittweise mit Inhalt befüllt. Anschließend formulieren wir unsere Kernbotschaft und überlegen: Wie viel muss ich ausformulieren? Wie viel kann ich frei sprechen?

4.1   Die 5 W der Vorbereitung

Wenn Kollegen sagen: „Ich muss noch an meiner Präsentation arbeiten" – was ist dann häufig gemeint? Richtig, das „Veredeln" von Power-Point-Folien. Dabei sollten die zuletzt kommen. Zuerst brauchen wir die Tonspur, damit die Folien nur noch bebildern und ergänzen, was sich in

© Springer Fachmedien Wiesbaden GmbH, ein Teil von Springer Nature 2021
D. U. Schott, *Souverän präsentieren – Die erste Botschaft bist Du*,
https://doi.org/10.1007/978-3-658-30660-1_4

Worten nicht so prägnant ausdrücken lässt. Und bevor wir die Tonspur erarbeiten, sollten wir uns ein paar Fragen stellen bzw. eine einzige:

> Wer spricht warum zu wem, worüber und in welchem Kontext?

Wenn wir diese 5 W beantworten, haben wir beim Planen und Strukturieren einer Präsentation immer eine klare Richtschnur und können zielsicherer entscheiden, was muss rein, was kann ich weglassen.

4.1.1   Wer: In welcher Funktion spreche ich?

Als wer gehe ich nach vorne? Die einfache Antwort: Ich schau mal auf meine Visitenkarte, was da drauf steht. Üblicherweise repräsentiere ich ein Unternehmen, eine Organisation oder als Selbstständiger mich selbst. Und ich habe innerhalb dieser Organisation einen bestimmten Verantwortungsbereich. Bin ich bei Human Resources, dann wohnt mein Thema mit großer Wahrscheinlichkeit unter diesem Dach. Meine Aufgabe untergliedert sich wahrscheinlich weiter in diverse Projekte und Zuständigkeiten. Bei manchen Themen bin ich Entscheider, bei anderen Wissensträger, bei wieder anderen liegt die Steuerung bei mir. Je nach Zuschnitt meiner Tätigkeit kann das ein sehr buntes Bild aus diversen Rollenbeschreibungen sein.

Je weiter oben in der Hierarchie ich stehe, desto weniger operativ und mehr strategisch bin ich tätig und desto weniger Detailtiefe wird wahrscheinlich von mir erwartet. Ich bin Lenker und Entscheider, gebe Orientierung und male das big picture an die Wand.

Je stärker ich operativ arbeite, desto weniger bin ich Entscheider, dafür mehr Experte. Von mir wird erwartet, dass mein Fachwissen weit über das hinausgeht, was in der Präsentation gezeigt wird. Ich kann jederzeit vertiefen und mein persönlicher Bezug zum Thema ist greifbar.

> Welchen Hut habe ich in der anstehenden Präsentation auf: Fachexperte, Projekt-Owner, Ideengeber, Inspirator, Motivator, Antragsteller, Mahner, Tröster, Erklärer, Dementierer, Beauftragter, Vertreter, Aufklärer, Hinterfrager usw.?

4.1.2 Warum: Ist Präsentation immer Verkauf?

Das hört man oft und es ist sicher etwas Wahres dran. Wir „verkaufen" in jeder Präsentation entweder eine Sache oder eine Idee und ein Stück weit immer uns selbst. Und doch finde ich diese innere Haltung hinderlich für eine gute Präsentation. Deswegen fehlt auch Verkäufer in der obigen Aufzählung bewusst. Verkauf ist aus meiner Sicht keine Rolle, sondern das Ergebnis eines Zusammenspiels mehrerer Faktoren. Die Voraussetzung ist immer Vertrauen. Wir machen nur Geschäfte mit Menschen denen wir vertrauen. Das Ziel muss also erst auf der Beziehungsebene liegen, dann auf der Sachebene. Wenn beides stimmt, kommt Verkauf zustande. Beteiligte Rollen gegenüber dem Kunden können sein: Zuhörer, Experte, Informierer, Berater, Partner. Verkauf (im Sinne eines Abschlusses) findet statt, wenn ein Kunde Bedarf hat, wir diese Rollen gut ausfüllen und der Preis stimmt.

Wer beim Elfmeter-Schießen gewinnen will, schielt nicht auf den Pokal, sondern konzentriert sich auf den Schuss. Wer verkaufen will, sollte sich nicht auf den Abschluss konzentrieren, sondern auf die Beziehung zum Gegenüber und auf dessen Bedürfnisse. Dann geschieht Verkauf unweigerlich.

Beispiel

God dag, jeg komer fra Tyskland

Mit 19 habe ich einen guten Freund an die schwedischsprachige Westküste Finnlands begleitet. Er war dort als Vertreter eines Herstellers für Relieflandkarten unterwegs, ich wollte einfach drei Wochen Urlaub machen. Doch bald wurde mir langweilig, wenn er jeden Vormittag in Schulen seinen Vortrag hielt und ich draußen nur auf ihn warten konnte. Also sagte ich: „Lass mich mal zuschauen und dann gib mir ein paar Karten und Adressen." Ich lernte das nötige Vokabular für den Vortrag. Es reichte genau dafür, ich konnte nichts im Restaurant bestellen, aber ich konnte Relieflandkarten und Frachtkosten erklären. Ich mietete ein kleines Auto und ging nun selbst in Schulen. „God dag, jeg komer fra Tyskland!" In drei Wochen stellte ich einen Verkaufsrekord auf, der in dieser Firma bis heute ungebrochen ist. Bestimmt nicht, weil ich so ein Verkaufstalent bin. Hätte ich einen Beruf daraus gemacht und irgendwann damit eine Familie ernähren und ein Haus abzahlen müssen, wäre die Leichtigkeit weg gewesen und mit ihr der Umsatz. Das Geheimnis meines Umsatzerfolgs war: Ich war im Urlaub und hatte Spaß! Für mich waren das spannende kleine Besuche, für die Besuchten auch. Im Vordergrund standen die Beziehung und gute Stimmung. Der Rest (nämlich der Verkaufsabschluss) hat sich ergeben, weil der Bedarf und das Budget da waren und mein Produkt passte. Sicher, man darf den Moment nicht verpassen, wenn man den Sack zumachen muss, weil der Kunde sich das Produkt gerade selbst verkauft hat und nur noch den Stupser für die Unterschrift braucht. Dann sollte das Auftragsheft geöffnet bereit liegen. Aber das wissen alle Profis.

Verkauf ist das Ergebnis, wenn auf der Grundlage guter Beziehung Bedarf und Angebot zusammenpassen.

Das heißt, auch Verkäufer oder Sales Professionals sollten nicht mit dem Ziel präsentieren zu „verkaufen". Das ist das Ergebnis – aber was muss dafür in den Zuhörern vorgehen? Damit sind wir nicht am aber beim Ziel.

4.1.3 Worüber: Welches Ziel verfolgt die Präsentation?

Um das Ziel festzulegen, müssen wir zunächst die Frage beantworten: Was soll hinten rauskommen? Was sollen die Leute anschließend im Kopf haben? Neue Informationen, neue Impulse, eine andere Stimmung oder neue Gedanken? Wir könnten hier seitenweise Kommunikationsziele auflisten, sie ließen sich letztlich gut in vier Bereiche zusammenfassen.

Präsentationsziele
- **Informieren:** Fakten, Fakten, Fakten. Ergebnis: Die Welt hat sich nicht verändert, aber das Publikum weiß hinterher mehr als vorher. Als Präsentator brauche ich dazu vor allem Klarheit, Struktur, Sachlichkeit, Seriosität, Vereinfachung, Illustrationen, Prägnanz.

- **Unterhalten:** Der Inhalt ist nicht so wichtig, die Stimmung zählt. Ergebnis: Alle gehen gut gelaunt raus oder tief bewegt. Die Welt fühlt sich für ein paar Minuten anders an. Benötigte Kompetenzen: Verbindung, Dramaturgie, Pointen, Überzeichnung.
- **Motivieren:** Die Menschen sollen anders *handeln* als vorher. Das wird die Welt verändern – zumindest mittelfristig. Dazu muss ich das Publikum mit Energie aktivieren und emotional packen sowie klar den Nutzen des Handelns herausstellen.
- **Inspirieren:** Die Menschen sollen anders *denken,* was zu einer nachhaltigen Verhaltensänderung führen kann. Das kann die Welt aus den Angeln heben. Für die Königsdisziplin brauche ich überzeugende Rhetorik sowie packende Beispiele, die Betroffenheit erzeugen und zum Nachdenken anregen.

Die meisten Präsentationen im Business sind ein Mix aus den vier Feldern. Viel Information, eine Prise Unterhaltung (denn wir dürfen auf der Bühne alles, nur nicht langweilen), und dann je nach Zielgruppe eine ordentliche Portion Motivation oder Inspiration. Meist wollen wir etwas bewegen, Handlungen auslösen oder Veränderung initiieren.

Bei einer Entscheidungspräsentation (die Geschäftsleitung soll grünes Licht geben oder Geld locker machen) muss ich am Ende stark überzeugen, dass sich die Investition in mein Projekt lohnt. Wahlweise ist die erwünschte Reaktion also: „Hm, ich bin zwar nicht restlos überzeugt, aber die Person macht einen soliden Eindruck, die könnte das auf die Straße bringen. Lasst uns dem Ganzen eine Chance geben". Oder, Volltreffer: „Wow, das war schlüssig. Das bringt uns strategisch voran. Lasst uns schnell die erforderlichen Mittel bewilligen." Möglich ist aber auch: „Hm, an das Projekt glaube ich nicht, aber die Person hat mich beeindruckt, die behalte ich im Auge."

Es kann also neben den offiziellen Zielen der Präsentation noch persönliche Nebenziele geben: Sichtbarkeit, Vertrauen aufbauen, Anerkennung, guten Eindruck hinterlassen – kurz: man empfiehlt sich für höhere Aufgaben, ohne dies in der Präsentation explizit anzusprechen. Wir sollten uns daher auch fragen, wie wir wirken möchten. Wir erinnern uns: Das *Wie* entscheidet darüber ob das *Was* gut ankommt.

> Wie will ich gesehen werden: inspirierend, glaubhaft, vertrauenswürdig, leidenschaftlich, nahbar, begeisternd, überzeugend, seriös, tiefgründig, analytisch, weitsichtig, umsichtig, empathisch, feurig, anpackend, pragmatisch, nachdenklich, betroffen, warmherzig, kühn, offen, verletzlich, mahnend …?

4.1.4   Welcher Kontext: Wie stelle ich Relevanz her?

> **Beispiel**
>
> Auf einer längeren Straßenbahnfahrt in München bin ich einmal unfreiwillig Zeuge eines Gesprächs zweier Nachbarinnen geworden, beides ältere Damen. Die eine zählte der anderen die Arztbesuche der letzten Wochen auf, inklusive Diagnosen. Sehr wortreich, sehr detailliert, etwas selbstmitleidig. Die andere nickte immer nur empathisch mit dem Kopf und sagte fast nichts außer „Ja, so was!" oder „Oh mei!" – Irgendwann kam ihre Haltestelle und sie stieg aus. Die mitteilungsfreudige Patientin blieb zurück und sah mich etwas verlegen an. Ihr wurde klar, dass ich alles mitangehört hatte. Da sagte sie: „Des is mei Nachbarin. Mei, jetzt hamma uns so guad untahoiten!"

So sind wir. Wir lieben Aufmerksamkeit. 90 % Redeanteil bei uns und ein aufmerksamer Zuhörer gegenüber und wir konstatieren: Das war ein gutes Gespräch! Es tut so gut, wenn jemand sich für uns interessiert. Leider erzählen manche so gern über sich oder ihre Themen, dass sie nicht merken, wann es ein Monolog wird und die anderen nur noch aus Höflichkeit zuhören. Oder weil die Türen verschlossen sind und das Buffet noch nicht eröffnet ist.

Präsentieren ist von außen betrachtet eine Monolog-Situation. Ich spreche, die anderen hören (hoffentlich) zu. Damit sie wirklich zuhören und das nicht nur simulieren, sollten wir unsere Botschaft für sie so relevant wie möglich machen. Am besten maßgeschneidert, zumindest aber einigermaßen angepasst (s. Abb. 4.1).

Abb. 4.1   Relevanz. (Mit freundlicher Genehmigung von © Martin Cambeis 2018. All Rights Reserved)

4.1.5   Zu wem: Wer ist mein Publikum?

Angeblich begrüßte Karl Moik einmal das Musikanten-Stadl-Publikum in Linz mit den Worten: „Schön, wieder bei euch in Graz zu sein!" Ein typischer Fauxpas von Routiniers. Sie halten die gleiche Präsentation immer wieder und achten nicht mehr darauf, wer heute ihr Publikum ist. Wenn es heute andere Menschen als beim letzten Mal sind, sollte es auch eine andere Präsentation sein. Zumindest an einigen Stellen.

Dazu können wir uns in der Vorbereitung folgende Fragen stellen:

- Wer sitzt da? Wie heterogen oder homogen ist das Publikum? Wie finde ich eine Sprache, einen Ton, der für alle passt?
- Was wissen die Anwesenden über mein Thema? Wie detailliert oder fachlich darf ich werden? Was kann ich voraussetzen, was nicht?
- Was sind einige der aktuellen Herausforderungen, die mein Publikum hat? Wie kann mein Thema helfen? Welches ihrer Probleme löse ich?
- Was könnten Bedenken oder Einwände sein? Wie kann ich sie adressieren und den Wind schon aus den Segeln nehmen, bevor er stürmisch wird?

- Welche Typen im Sinne von Kommunikationsstilen sind im Raum?
  Spreche ich zu Machern, verwende ich andere Sprachbilder als bei
  Visionären oder Analytikern.

Zuletzt sollten wir bedenken, dass wir selbst einen Lieblingskanal haben. Sprechen wir bevorzugt auf der Beziehungsebene, der Sachebene,
bildhaft oder ergebnisorientiert? Sind wir Wortmenschen oder Anpacker?
Idealerweise senden wir auf allen Kanälen und bedienen die Auditiven,
die Visuellen und die Kinästheten.

4.2   Prägnante Kernaussagen

Eine häufige Herausforderung wenn ich bei null anfange: so viele Informationen, Zahlen, Daten, Fakten, Dinge die ich sagen will! Wie ordne ich
mein Material? Wo fange ich an? Am besten beim Kern der Sache. Auch
eine Frucht wächst von innen nach außen und nicht umgekehrt. Über die
Schale können wir später nachdenken. Was ist meine Kernaussage? – Was
sind meine Haupt-Thesen? Luther hatte 95, wir haben hoffentlich ein
paar weniger. Die Kernaussage soll prägnant und relevant sein. Idealerweise könnte sie auch alleine stehen und würde Sinn ergeben. Wir können
uns vorstellen, dass jemand unseren Vortrag verpasst hat und wir sollen
für ihn die Essenz in maximal fünf Sätzen zusammenfassen. Meistens fasst
die Kernaussage die Schlussfolgerung und nicht die Beweisführung meiner Haupt-Thesen zusammen. Erinnern Sie sich? Im ersten Kapitel
z. B. war meine Kernaussage nicht dass der erste Eindruck nur Sekundenbruchteile dauert. Das war Teil der Beweisführung. Die Kernaussage war:
Der erste Eindruck entscheidet über Sympathie oder Ablehnung.

Beispiele
- **Kernaussage:** „Autonomes Fahren ist die Zukunft. Doch an Sensoren im
  Fahrzeug stellt dieser Trend ganz neue Herausforderungen. Unsere inte-
  grierten Lösungen ermöglichen schnellere und günstigere Entwicklung."
  Die Kernaussage für sich mag wie eine kühne Behauptung wirken. Im
  Laufe der Präsentation folgen dann hoffentlich ausreichend überzeu-
  gende Belege.

- **Zweck, Ziel, Nutzen:** Wenn die Kernaussage das Ziel ist, ist die Beweisführung der Weg. Oft werden die einzelnen Stationen der Beweisführung in einer Agenda aufgeführt. Alternativ kann man das auch in ein bis zwei Sätzen als Zweckaussage zusammenfassen. Dann wissen die Rezipienten am Anfang, wohin die Reise geht.
- **Zweckaussage:** „Zweck meiner Präsentation ist, einen Überblick über die Herausforderungen und Lösungen der Sensortechnik bei autonomen Fahrzeugen zu geben". Oder: „Zweck meiner Präsentation ist es, die Herausforderungen unserer Abteilung und einzelne Lösungsansätze zu beleuchten." Jetzt sollten die Zuhörer nur noch erfahren, warum dieses Thema für sie interessant sein könnte. Was haben sie davon, sich das alles anzuhören? Was ist ihr Nutzen?
- **Nutzenaussage:** „Hinterher werden wir eine klare Entscheidungsgrundlage haben." Oder: „Mit diesen Informationen werden Sie Ihre Abläufe effizienter gestalten können." Oder: „Ihr werdet damit ganz anders wahrgenommen beim Kunden und künftig mehr Umsatz machen."
- *Achtung:* Die Falle hier ist, dass wir über *unseren* Nutzen sprechen, also das, was *wir* gerne als Ergebnis hätten. „Sie werden dann erkennen, dass unsere Firma der ideale Partner für Sie ist." So wird es nix, bei einem so plumpen Pitch stellen die Zuhörer gleich auf Durchzug. Wir müssen uns schon in die anderen hineinversetzen und uns fragen: Was ist für *sie* der größte mögliche Nutzen aus meiner Präsentation? – Also eher: „Sie werden mit uns als Partner Ihren Konkurrenten einen entscheidenden Schritt voraus sein, die Produktionskosten erheblich senken können, den Kopf frei haben für Ihr Kerngeschäft ..." Was auch immer für das Gegenüber am attraktivsten ist.
- **Relevanzaussage:** „Als Zulieferer stehen Sie unter enormem Kostendruck. Der Zweck meiner Präsentation ist aufzuzeigen, mit welchen Tools sich Entwicklungskosten einsparen lassen. Sie werden dadurch Ihre Wettbewerbsfähigkeit steigern können." Nun wissen die Zuhörer nicht nur, was auf sie zukommt, sondern auch, warum es für sie wichtig ist und werden den Ausführungen aufmerksam folgen. Wenn ich zu Beginn außerdem klarmache, dass mein Thema relevant ist, weil es ein Problem meiner Zuhörer löst bzw. eine Herausforderung anspricht, dann sollte dem Vortrag die Aufmerksamkeit sicher sein. Je nach Kontext kann es sinnvoll sein, das alles zusammen als Relevanzaussage auszusprechen. Und zwar in drei Schritten:

  – Welches Problem löse ich bzw. spreche ich an?
  – Was ist der Zweck (der zusammengefasste Inhalt) meiner Präsentation?
  – Welchen Nutzen haben die Zuhörer?

4.3   Storyboarding – Eine Präsentation planen

Ein gutes Tool, um sein Material zu organisieren und eine Präsentation logisch aufzubauen, ist Storyboarding. Der Begriff stammt aus der Film- und Werbebranche. Bei der Visualisierung eines Drehbuchs besteht der erste Schritt darin, Szenen in einzelne, meist gezeichnete Bilder aufzulösen. So bekommen die kreativen Abteilungen Kamera, Licht, Ausstattung usw. eine erste Planungsgrundlage für die Umsetzung. Übertragen auf das Planen einer Präsentation bedeutet Storyboarding, sich zu fragen:

* Was sind die einzelnen Kapitel meiner Rede?
* Wie würde die Überschrift und Zusammenfassung der einzelnen Akte lauten?

All das lässt sich auf Papier skizzieren oder mit leeren PowerPoint-Folien. Ich beginne mit zehn leeren Folien, die ich zunächst grob nach den Hauptsegmenten meiner Präsentation benenne. Eine typische Struktur kann so aussehen:

* Eröffnung
* Vorstellung des Themas
* Relevanzaussage
* Agenda
* These 1
* Beweise
* These 2
* Beweise
* Zusammenfassung
* Schlussfolgerung
* Handlungsaufforderung

Für jedes Segment überlege ich mir im nächsten Schritt: Was sollen die Zuhörer an dieser Stelle fühlen oder denken? Was will ich auslösen? Betroffenheit, Zustimmung, Neugier? Beim Thema möchte ich Interesse wecken. In der Relevanzaussage könnte mein Ziel z. B. sein, dass die Rezipienten denken: „Oh, das ist interessant für uns. Der weiß offenbar genau, wo unsere Herausforderungen liegen."

Dann überlege ich: Mit welcher Aussage erreiche ich das? Bevor ich hier weitschweifig ins Fabulieren komme, formuliere ich zunächst eine Kernaussage für diesen Part. Wie würde ich das, was in diesem Teil an Inhalten kommt, in einem Satz zusammenfassen? So gehe ich dann Kapitel für Kapitel von innen nach außen vor. Erst die Kernaussage (wichtigste Botschaft), dann die Zusammenfassung (wichtigste Punkte), dann die einzelnen Schritte meiner Beweisführung, zuletzt Einstieg und Schlusssatz (dazu gleich mehr).

Wenn ich das Ganze in PowerPoint mache (es eignet sich gut dafür) muss nur klar sein: Diese Planungsfolien *zeige* ich nicht. Was darauf steht, gehört eher in die Tonspur. Sie dienen dem sortieren meines Materials und dem Entwickeln meiner Storyline.

Manchmal kann es nötig sein, jemandem eine Kurzfassung meiner Storyline zu präsentieren – sozusagen „in a nutshell". Habe ich mit Storyboarding jeden Abschnitt auf einen Kernsatz verdichtet, kann ich z. B. einem Vorgesetzten in drei Minuten die Essenz wiedergeben (briefing the boss). Oder jemand hat den Vortrag verpasst und bittet um eine Zusammenfassung der wesentlichen Punkte. Kein Problem, die haben wir fertig. Und oft müssen wir mehr gar nicht aufschreiben. Der Rest kommt live auf der Tonspur.

4.3.1 Ausformulieren oder Stichworte?

Vielen jedoch hilft es, bei der Vorbereitung in ganzen Sätzen zu denken, und sie schreiben ihre Rede wörtlich auf. Für den eigentlichen Vortrag kann das problematisch sein. Denn wir kommen in Versuchung, diese Sätze auswendig zu lernen oder, noch schlimmer, abzulesen. Entweder das Gedächtnis funktioniert, dann klingt es abgespult. Oder es lässt uns im Stich, dann müssen wir doch ablesen. Dabei wäre uns die Aussage dem Inhalt nach wahrscheinlich eingefallen, aber unser Gedächtnis hängt nun an der genauen Formulierung. Das noch größere Risiko: Wir reden dann so, wie wir geschrieben haben.

„Meine sehr verehrten Damen und Herren, lassen Sie mich zum Schluss bezugnehmend auf die Eingangsfrage …" So spricht im echten Leben kein Mensch. So spricht nur, wer abliest. Oder wer – déformation professionelle – sein Leben in Behörden verbracht hat. Das ist der Haken am Ausformulieren. Wir drechseln dann Sätze, die wir so in einem Gespräch mit Kollegen nie sagen würden. Heraus kommt bestenfalls gute Sachbuch-Prosa. Schlimmstenfalls verschraubte Kanzleisprache. Schreiben fürs Hören ist etwas anderes als Schreiben fürs Lesen. Was sich gut liest, hört sich nicht automatisch gut an, wenn es gesprochen wird. Jeder, der Lesungen mit Schriftstellern besucht, kann sich selbst davon überzeugen.

Wer schreibt, nutzt häufig die 1. Vergangenheit (Präteritum). *„Ich sagte."* *„Er beurteilte."* *„Sie genehmigte."* *„Wir schlussfolgerten."* Das ist die Sprache von Romanen oder Zeitungsberichten. So sprechen wir üblicherweise nicht. Wenn wir sprechen wie gedruckt, können wir auch gleich allen das Redemanuskript zuschicken. Im natürlichen Gespräch nutzen wir fast ausschließlich die 2. Vergangenheit (Perfekt): *„Ich habe gesagt."* *„Er hat das beurteilt."* *„Sie hat es genehmigt."* Zum Aufschreiben umständlicher, weil mehr Worte benötigt werden, aber sprechen lässt sich das leichter.

> Wer spricht wie gedruckt, kann auch das Redemanuskript verschicken.

Der andere Haken an ausformulierten Manuskripten: Ablesen klingt halt wie abgelesen. So ablesen, dass es *nicht* wie abgelesen klingt, können nur Schauspieler, gute Radiosprecher und rhetorisch begabte Politiker (das sind nicht so viele). Alle anderen sollten lieber frei formulieren, das wirkt lebendiger. Frei formulieren heißt nicht improvisieren, sondern die Hauptaussagen als Stichworte parat haben und erst live in ganze Sätze verwandeln. Kernaussagen oder besondere Bonmots können fertig formuliert sein. Aber die einfachen Sätze dazwischen sollten wir hinkriegen. Wenn wir Experte sind, dann können wir über unser Thema frei sprechen, ohne am Buchstaben zu kleben. Selbst wenn wir uns dabei ein paarmal in der Grammatik verheddern (deutsche Sprache, schwere Sprache) ist das immer noch glaubwürdiger als abzulesen. Beim Ablesen kommt schnell der Verdacht auf: Das sind gar nicht die eigenen Gedanken, die Person ist nicht wirklich im Thema, die schwimmt an der Oberfläche und trägt nur vor.

Nur Routiniers können sich das Manuskript so zu eigen machen, dass wir ihnen das abnehmen. Und Politikern bleibt bei der Vielzahl der Redeauftritte oft keine andere Wahl. Und dann gibt es natürlich Situationen, in denen aus rechtlichen oder firmenpolitischen Gründen ein genauer Wortlaut eingehalten werden muss. Dann dürfen wir ablesen, denn solche – oft von Hausjuristen oder Kommunikationsabteilungen – verfassten Statements auswendig zu lernen, wäre eine Zumutung. Außerdem: *Ein* Stolperer und wir sehen alt aus.

> **Beispiel**
>
> Für ein Fernsehmagazin habe ich einmal den Vorstand eines DAX-Konzerns interviewt. Die Fragen waren vorher abgesprochen und seine Abteilung für Unternehmenskommunikation hatte für ihn Antworten formuliert, an die er sich bitte genau halten sollte. Er hatte den Ehrgeiz, frei in die Kamera zu sprechen, aber das war bei diesem Amtsdeutsch unmöglich. Die Sätze waren zu lang. Wir probierten es einige Male. Dann druckten wir die Antworten in großer Schrift aus und legten sie auf den Tisch, sodass er zwischendurch spicken konnte. Es wurde nicht besser. Irgendwann rief er entnervt seine Redenschreiber an und bat um kurze Sätze.

Am besten fahren wir mit Stichworten, aus denen wir spontan kurze Sätze bilden. Wenn wir Sprech- Yoga machen, kommen wir nicht in Hektik und haben genügend Zeit, in Gedanken den nächsten Satz zu formulieren, bevor wir ihn aussprechen. Keiner treibt uns an außer wir uns selbst. Also Zeit lassen. Pausen aushalten. So gewinnen wir immer mehr Sicherheit.

> Frei entlang von Stichworten formulieren ist wie mit einem Navi fahren. Ich lenke selbst, aber werde zum Ziel geführt.

Das Storyboarding hat uns geholfen, jeden Teil unserer Präsentation in einen Satz zu fassen. Nun müssen wir aus diesem Satz nur noch das eine Stichwort herausschälen und aufschreiben, das uns als Eselsbrücke an diesen Satz erinnert. Der Satz wiederum ist die Eselsbrücke zu allem, was wir an dieser Stelle sagen wollen. Beim Proben der Rede merken wir schnell, wo wir Stichworte brauchen und wo nicht. Oft sind es die Übergänge von einem Gedankengang zum nächsten, an denen wir hängen bleiben. Mit den Stichwortkarten ist es oft wie mit Spickzetteln in der Schule. Wenn wir wirklich Mühe darauf verwandt haben, gute Spickzettel mit allem Wesentlichen zu schreiben, dann haben wir sie nicht mehr gebraucht.

So sollte es möglich sein, einen 45-min Vortrag auf wenige Stichwortkarten zu verdichten. Ein Kartenwechsel sollte jeweils ein neuer Abschnitt oder Gedanke sein, dann machen wir an der richtigen Stelle eine Zäsur. Meist ist ohnehin PowerPoint im Einsatz, dann sind die Folien unsere Richtschnur, und die Stichworte stehen im Referentenmodus unten im Textfenster.

Weil gerade das 45-min-Format erwähnt wurde: Es ist immer noch die Standardlänge für Vorträge. Der Trend geht in Richtung 20 min. Zeit ist knapp und die Aufmerksamkeitsspannen werden kürzer. Mir ist die alte Faustregel sympathisch:

> Wir können über alles reden. Aber nicht länger als 45 min.

Eine Frage, die immer wieder auftaucht: Muss ich mich zu Beginn der Präsentation namentlich vorstellen? Wenn ich nicht anmoderiert wurde und mich nicht jeder kennt, ja. Ansonsten überflüssig. Es sei denn, ich möchte die Anmoderation sinnvoll ergänzen. Wenn es eine Folie dazu geben soll, finde ich ein bis zwei Bilder aus meiner Tätigkeit anschaulicher als eine Auflistung meiner beruflichen Stationen. Das merkt sich ohnehin keiner.

4.3.2   Agenda – Braucht es die?

Wie immer: kommt drauf an. Wer spricht zu wem worüber und wie lang? Bei Präsentationen, die kürzer als zehn Minuten sind, nimmt eine Agenda unverhältnismäßig viel Raum ein – also eher nicht. Bei längeren Beiträgen kommt es drauf an: Ist meine Rede eher assoziativ aufgebaut und springt der Storyline geschuldet öfter zwischen verschiedenen Aussagen hin und her, dann wäre eine Agenda vorab entweder unvollständig oder verwirrend. Ist meine Präsentation logisch strukturiert und in sehr viele Unterkapitel untergliedert, dann kann die Agenda das Publikum überfordern oder einschüchtern. Was, *das* kommt alles in den nächsten 40 min? Puh … Wann ist Kaffeepause? Dann nur Hauptkapitel nennen. Eine gute Agenda umfasst nicht mehr als vier Punkte.

Die Hauptfrage beim Thema Agenda ist die nach der Zielgruppe. Idealerweise weiß ich nicht nur, zu wem ich spreche, sondern auch, welche Menschentypen im Raum sind. Die kreativen Visionäre brauchen keine Agenda, die strukturierten Analytiker wollen unbedingt einen Ablaufplan sehen. Die ungeduldigen Macher bevorzugen es kurz und knackig, die beziehungsorientierten Vermittlertypen haben es lieber emotional als sachlich. Die Gefahr hierbei: Ich präsentiere entsprechend meiner eigenen Präferenz und bediene nicht alle unterschiedlichen Typen. Wer selbst sachlich und strukturiert ist, darf sich bewusst machen, dass nicht jeder andere das in gleichem Maße braucht. Wer umgekehrt sehr bildhaft oder assoziativ unterwegs ist, muss sich nicht wundern, wenn er bei Präsentationen die Analytiker verliert. Für die ganz strukturierten darf sogar bei jedem neuen Abschnitt die Agenda-Folie wiederkommen und nun ist das nächste Kapitel farblich hervorgehoben. Die ZDF-Typen (Zahlen, Daten, Fakten) lieben das. Immer wieder einordnen können: Wo sind wir jetzt im Ablauf? Und die merken sich das auch. Alle anderen im Publikum haben wenige Sekunden nach der Agenda-Folie schon wieder vergessen, wie der Vortrag gegliedert ist. Da wir in der Regel zuvor keine Persönlichkeitstests mit allen Anwesenden durchführen können, folge ich einer zugegebenermaßen pauschalisierenden, aber simplen Faustregel: Sind viele Ingenieure, Controller und ähnliche „Genauigkeits"-Berufe unter den Zuhörern, wird vermutlich eine Agenda gern gesehen. Künstler, Verkäufer, soziale Berufe usw. brauchen keine Agenda, denen ist Stimmung wichtiger als Struktur. Will ich wirklich Spannung aufbauen, sollte ich mich fragen, ob die Agenda das unterstützt. Ein spannender Vortrag erzählt eine Geschichte und die Gebrüder Grimm verraten auch nicht vorweg: „Im zweiten Teil werden wir dann sehen, wie Hänsel und Gretel bei der Hexe im Lebkuchenhaus eingesperrt leben. Im dritten Teil schließlich werde ich aufzeigen, mit welcher List sich die beiden Geschwister …"

4.3.3 Ist eine Zusammenfassung notwendig?

Sinnvoll ist die Agenda gegen Ende. Dort heißt sie Zusammenfassung. Während die Agenda zu Beginn eine leere Hülse bleibt, weil wir zu den Überschriften noch nicht die Inhalte kennen, ist die Zusammenfassung am Schluss eine Wiederholung der wichtigsten Stichworte, die wir im Vortrag bereits gehört haben. Das verankert das Gesagte und gibt wichtige Orientierung: Welche der vielen Informationen soll ich mir merken? Die Zusammenfassung stellt sicher, dass nicht Nebenaspekte haften bleiben, sondern das Wesentliche. Sie hilft mir schon bei der Vorbereitung, mir selbst darüber klar zu werden, was die Hauptaussagen sind, die zu meiner Schlussfolgerung führen. Bevor ich dann zuletzt mein Fazit ziehe, wiederhole ich die Hauptstationen der Reise dorthin.

Häufiger Fehler in Zusammenfassungen: Es fallen neue Stichworte, die nicht in der Präsentation waren, es mogelt sich plötzlich noch eine Aussage hinein, weil mir etwas einfällt, das ich sieben Folien zuvor vergessen habe zu erwähnen. Jetzt ist es zu spät. Die Zusammenfassung sollte keine neuen Informationen enthalten, nur bereits Gesagtes prägnant wiederholen. Das kann im Telegrammstil erfolgen, das können Bullet Points sein oder noch mal die wichtigsten Bilder.

Bleibt nur noch das Fazit, die Schlussfolgerung. Was bedeuten nun die Dinge, die in der Zusammenfassung wiederholt wurden, für uns, was folgt daraus, was nehmen wir mit? Schlussfolgerung und Kernaussage sind eng verwandt, manchmal identisch. Manchmal ist die Kernaussage die prägnante Kurzfassung der Schlussfolgerung.

Zusammengefasst
- Wer sind meine Zuhörer, was brauchen sie?
- Was ist meine Kernaussage, was ist mein Ziel?
- Relevanz führt zu Aufmerksamkeit.
- Storyboarding hilft, den roten Faden zu behalten.
- Nicht ausformulieren – Stichworte reichen.

5

Dramaturgie und Rhetorik – Der Präsentation Leben einhauchen

Zusammenfassung Sobald es um mehr als nur trockene Information geht, brauchen wir sowohl im Aufbau als auch in der Vortragsweise eine gewisse Dramaturgie. Dieses Kapitel zeigt mit vielen Beispielen, wie wir unser Thema von der ersten bis zur letzten Sekunde spannend gestalten können. Dazu betrachten wir zunächst die einfache Erzählstruktur des Dreiakters, wirkungsvolle Einstiege und Abschlüsse. Dann befragen wir die Kognitionspsychologie dazu, welche Rolle Emotionen bei Entscheidungen spielen. Wir lernen die Hauptmotivatoren Lustgewinn und Schmerzvermeidung kennen und wie wir sie im Solution Statement nutzen können. Zuletzt besprechen wir, warum es bei Veränderungsanstößen sinnvoll sein kann, mehrere Optionen anzubieten.

Vielleicht erschrecken manche ein wenig beim Wort „Dramaturgie". Wir sind doch keine Theater- oder Filmschaffenden. Wir wollen doch „nur" eine gute Präsentation halten, kein Drama! Doch es ist so: Bewusst oder unbewusst folgt eine gute Rede einer Dramaturgie, einer wirkungsvollen Spannungskurve.

Eine längere Präsentation kann eine komplexe Spannungskurve haben. Packender Einstieg, nüchterne Analyse, betroffen machende Fakten,

© Springer Fachmedien Wiesbaden GmbH, ein Teil von Springer Nature 2021
D. U. Schott, *Souverän präsentieren – Die erste Botschaft bist Du*,
https://doi.org/10.1007/978-3-658-30660-1_5

griffige Beispiele, überraschende Wendung, inspirierende Lösungen, überzeugende Beweise, prägnante Zusammenfassung, motivierender Abschluss. Die Möglichkeiten scheinen unbegrenzt. Aber bevor wir uns selbst verwirren: Meist gleicht ein guter Redeaufbau einem simplem Dreiakter (s. Abb. 5.1).

- Exposition (das Thema wird etabliert)
- Herausforderung (es gibt Probleme)
- Wendung zum Guten (es gibt eine Lösung)

Am Übergang von II. zu III. ist die Spannung am Gipfel bzw. die Stimmung am Boden. Wir steigen mit hoher Energie ein, wir fahren gemeinsam nach unten in das Tal der Tränen und steigern uns mit jedem Lösungsvorschlag dem Schlussfeuerwerk. Diese Kurve kann sich über die

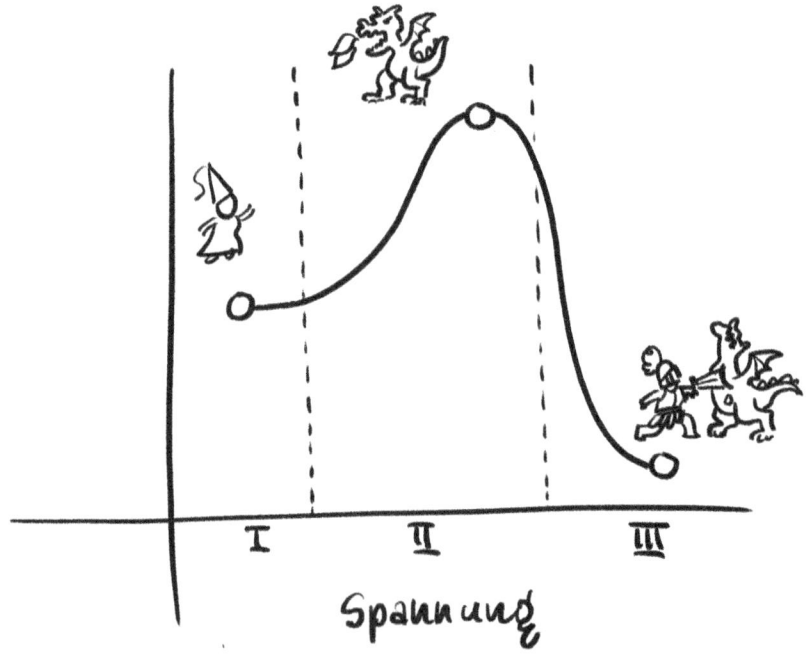

Abb. 5.1 Spannungskurve. (Mit freundlicher Genehmigung von © Martin Cambeis 2018. All Rights Reserved)

gesamte Präsentation sowie einzelne Abschnitte, ja sogar jeden Satz legen. Die Amplitude hängt u. a. ab von Ziel und Länge meiner Präsentation. Über die Mitte unterhalten wir uns später. Da die Aufmerksamkeit in Präsentationen vor allem am Anfang und gegen Ende am höchsten ist, wollen wir uns zunächst überlegen: Wie können wir das schamlos nutzen?

> Eine Rede ist wie eine Motorradfahrt. Die Kurven machen mehr Spaß als die Gerade.

5.1 Einstieg und Abschluss mit Wirkung

5.1.1 Einstiege, die Lust auf mehr machen

Ein erfolgreicher Autor wurde einmal gefragt, wie man einen Bestseller schreibt. Seine Antwort: „Schreibe einen ersten Satz, der große Lust macht, den zweiten zu lesen. Und dann immer so weiter". Bei einer Präsentation wollen wir von innen nach außen planen, von der Schale zum Kern. Das haben wir bereits beim Storyboarding getan.

Somit können wir jetzt über den ersten Satz nachdenken, der Lust macht auf den zweiten. Über die Wichtigkeit des ersten Eindrucks haben wir schon gesprochen. Was hören die Menschen als erstes? Oft so etwas wie: „Hallo." – „Guten Tag." – „Schön, dass Sie hier sind." – „Liebe Kollegen und Kolleginnen …" Häufig gefolgt von: „Mein Name ist …" – „Thema meines Vortrages ist …" Das ist alles sehr freundlich, aber nicht sehr wirkungsvoll. Was ist der Zweck eines ersten Satzes, was könnten wir bewirken wollen?

- schnell und gründlich Aufmerksamkeit bekommen
- Einstimmung auf den Vortragsstil
- ggfs. ein erstes Stichwort zum Thema

Welche Möglichkeiten gibt es, das zu erreichen? Zwei gängige sind Zitat und Video.

Zitate als Einstieg
Vorteile von Zitaten als Eröffnung:

- kann prägnant in das Thema einführen
- die Prominenz des Zitierten adelt mein Thema
- der Wortlaut steht fest – ich kann kaum ins Stolpern kommen

Risiken von Zitaten als Eröffnung:

- kann schon etwas abgegriffen sein (Vorsicht bei den üblichen Verdächtigen Antoine de Saint-Exupéry, Goethe und Albert Einstein – wenn es blöd läuft, benutzt der Vorredner dasselbe Zitat)
- als Eröffnung wenig überraschend, kann sogar betulich wirken
- Brücke vom Zitat zu meinen Aussagen muss überzeugend sein

Einspieler als Einstieg
Vorteile von Videos als Einstieg:

- alle merken sofort, es geht los
- Bewegtbild knallt, wenn es professionell produziert wurde
- kann starke Bilder und Emotionen transportieren

Risiken von Videos als Einstieg:

- Technik kann uns im Stich lassen – „Moment, das sollte jetzt sofort starten … – Ah, es läuft, aber wir hören nichts …?"
- war das Video bombastisch, wirke ich danach blass
- nach dem Video wird trotzdem noch eine starke Eröffnung benötigt

Weitere Optionen für den Einstieg
- Rhetorische Frage
  - launig: „Was würden wir am liebsten mit schwierigen Kunden tun?"
  - schockierend: „Wie sollen wir das nächste Quartal überleben?"
  - interaktiv: „Hand hoch, wer hat sich schon über eine Kundenhotline geärgert?"
- Kleine Geschichte
  - aktuell: „Auf dem Weg hierher habe ich etwas Seltsames beobachtet …"

- biografisch: „Als kleiner Junge wollte ich Astronaut werden …"
- fiktiv: „Ein Schuhhersteller schickt zwei Außendienstler in das Nachbarland …"
- 3rd Party: „Mein Kollege hat mir heute erzählt, dass er neulich …"
- Demonstration
  - energisch: Produkt auf den Boden schmeißen – „So stabil ist unser …"
  - zeigend: Etwas hochhalten. „So sehen sie aus, die neuen …"
  - wörtliche Rede: „Hilfe, das nervt!! – So verzweifelt sind manche Kollegen, wenn …"
  - bildhaft (ein starkes Bild zeigen und wirken lassen): „So sieht das von innen aus …"
- Überraschende Aussage
  - verblüffend: „Nur 2 % unseres Denkens sind bewusst."
  - launig: „Zwei Drittel aller Statistiken sind falsch."
  - mysteriös: „Bäume wachsen von oben nach unten. – Denn die Welt steht grad Kopf."
- Überraschende Aktion (eine der effektvollsten Optionen, hier sind der Fantasie keine Grenzen gesetzt)
  - einen Luftballon aufblasen: „Manche unserer Partner haben ein großes Ego. Und dann kommen wir und lassen ihnen die Luft raus." Luft ablassen
  - aus der Hosentasche Geldscheine ziehen und zu Boden werfen: „Jeden Tag werfen wir hier bares Geld weg!"
  - Wunderkerze anzünden: „Wir wollen bei unseren Kunden ein Funkeln in den Augen sehen!"
  - schreien: „Manchmal ist uns zum Schreien zumuten, wenn wir…"

Beispiele
- Eine Konzern-Direktorin für Arbeitssicherheit hatte vor ihrer Rede vor Managern Bedenken, ob sie Aufmerksamkeit für dieses wenig beliebte Thema bekommt. Wir besorgten einen gelben Schutzhelm und mit dem ging sie auf die Bühne, ohne Rücksicht auf ihre Frisur. Das machte Eindruck und das Thema war bereits visuell gesetzt, bevor sie etwas sagte.

> - Der Autor und Leadership-Trainer Thor Olafsson hat einmal auf der Bühne einer großen Konferenz mit Karacho einen Stuhl zu Boden geschleudert, der effektvoll in Einzelteile zerbrach. Er wollte kein Hotelmobiliar zerstören, also hat er diesen Stuhl extra auf einem Trödelmarkt gekauft und ihn zuvor mit der Säge präpariert, um Sollbruchstellen zu schaffen. Großer Aufwand, der sich gelohnt hat. Die damals Anwesenden reden heute noch davon.
> - In einer Produktionsstätte für Elektrotechnik wurde bei der Betriebsversammlung ein knallroter Porsche 911 vor den Eingang gestellt. Der Standortleiter begann seine Rede mit Hinweis, dass jede Woche Komponenten im Wert dieses Sportwagens im Abfallcontainer landen.

Bei all diesen kreativen Einstiegen sind zwei Dinge zu beachten: Zum einen muss nach dem Überraschungsmoment eine gute Überleitung zum Thema erfolgen, sonst bleibt es nur sinnfreie Show. Von jedem der genannten Beispiele lassen sich hunderte Brücken zu hunderten Themen bauen. Die Möglichkeiten sind unerschöpflich. Zum anderen verdanken gerade die sehr effektvollen Einsteige ihre Wirkung auch dem Timing. Das sollte ein paar Mal geübt werden, um ein Gefühl für den richtigen Rhythmus zu bekommen. Faustregel: Ungeübte sind meist zu schnell unterwegs. Gib dem Publikum mittels kleiner Pausen genügend Zeit, den Überraschungsmoment zu verdauen, bevor es weitergeht.

Schweigen als Einstieg?
Es gibt noch eine Möglichkeit für den Einstieg: Schweigen. Der Meister dieser Technik ist der amerikanische Vaudeville-Clown Avner Eisenberg, einer der größten seines Fachs (er spielte 1985 die Titelrolle in dem Film „Auf der Jagd nach dem Juwel vom Nil"). Er beginnt seine Show damit, dass er als alter Hausmeister in Latzhose und mit einem Besen auf die Bühne schlurft, das Publikum sieht, kurz erschrickt und dann verlegen lächelt. Bis dahin hat er noch nichts gesagt und nichts Besonderes gemacht, doch das Publikum hat ihn bereits ins Herz geschlossen. Ich war mit ihm nach der Show beim Essen, und er hat mir seinen Trick verraten. Sobald er dem Publikum zugewandt steht (und „erschrickt") atmet er – über das Mikrofon gut hörbar – laut ein und hält kurz die Luft an, so, als würde er nun etwas sagen. Instinktiv halten auch die Menschen im

Publikum kurz die Luft an und denken: Jetzt kommt's! Doch Avner sagt nichts, sondern atmet nur wieder laut aus. Und mit ihm lässt nun der ganze Saal unwillkürlich ebenso die Luft aus der Lunge und entspannt sich. Wenn wir einmal gemeinsam geatmet haben, steht die Verbindung.

5.1.2 Abschlüsse, die haften bleiben

Ein guter Freund von mir ist Lufthansa-Pilot. Einmal durfte ich mit im Cockpit sitzen und habe die schiere Menge an Instrumenten bestaunt. Wie kann man da durchblicken? Er sagte zu mir: „Wenn der Vogel mal in der Luft ist, könntest auch du Höhe und Kurs halten, das könnte ich dir in wenigen Minuten erklären. Die kritischen Momente bei jedem Flug, bei denen wir als Piloten wirklich gefordert sind, sind Start und Landung."

Bei Reden ist es genauso. Der erste und der letzte Eindruck sind besonders wichtig. Mit dem ersten Eindruck entscheidet sich, wie wir wahrgenommen werden. Der letzte Eindruck bleibt am stärksten haften. Und das gilt besonders für die letzten Worte eines Vortrags.

Danke für Ihre Aufmerksamkeit?!
Und was sagen die meisten in diesen letzten Sekunden ihrer Präsentation? „Vielen Dank für Ihre Aufmerksamkeit." – Oft haben sie dafür sogar extra eine Folie auf der es sicherheitshalber noch mal zum Nachlesen steht. Oh je!

Ich weiß, es ist höflich gemeint. Aber ich habe noch keinen Rockstar oder Top-Speaker erlebt, der sich am Ende fürs Zuhören bedankt. Er dankt den Menschen vielleicht fürs Kommen oder das Kaufen seiner CD. Aber nicht fürs Zuhören. Das sollte eine Selbstverständlichkeit sein, darauf ist die ganze Performance angelegt. Wenn wir glauben, uns dafür bedanken zu müssen, sagen wir eigentlich: „Ich weiß, es war langweilig. Eine Zumutung. Vielen Dank, dass Sie trotzdem nicht eingeschlafen sind". Ein bisschen mehr Selbstbewusstsein, bitte. Wer trotzdem gerne höflich sein möchte, kann sich überlegen: Wofür könnte ich mich sinnvollerweise bedanken: für die Einladung, die Plattform, die Anmoderation, die Unterstützung durch die Technik oder die interessanten Zwischenfragen oder im Voraus für die interessanten Gespräche im Anschluss? Und so eine Danksagung sollte *vor* dem Schlusswort kommen, damit nicht das als letzter Eindruck haften bleibt, sondern das, was wir den Menschen mitgeben wollen. Mit welchem Gedanken sollen sie den Saal verlassen?

> Wer seinen Vortrag mit „Danke für Ihre Aufmerksamkeit" beendet, ist selbst schuld.

Starke Abschlüsse
* Zitat – Vorteile und Risiken s. o.
* Klammer – elegante Variante, wir knüpfen an unsere Eröffnung an und der Kreis schließt sich
* Aufforderung/Appell – sollte mit einem Nutzen verknüpft sein
* Wettbewerb – „Mal sehen, wer diese Anregungen als Erster umsetzt!"
* Kompliment – sinnvoll, wenn für die Beziehung nötig: muss von Herzen kommen
* Persönliches Fazit – kann eindringlich sein, sollte uns qua Rolle aber auch zustehen, sonst entsteht leicht der Eindruck, dass wir uns zu wichtig nehmen

Viele Ferienorte (z. B. an der Côte d'Azur) beenden die Sommersaison mit einem prächtigen Feuerwerk. Sie stellen sicher, dass die Gäste mit einem feierlichen Bild im Kopf abreisen. Letzter Eindruck. Wir müssen keinen Tanz aufführen am Schluss, aber wir sollten uns unseren Applaus verdienen. „Danke für die Aufmerksamkeit" heißt auch: Bin fertig, bitte klatschen! Wenn wir die letzten Worte mit Nachdruck und langsamer werdend sprechen (Ritardando), nach dem letzten Wort eine angedeutete Verbeugung und anschließend einen kleinen Schritt nach hinten machen, dann brauchen wir keine Schlussfolie. Nur Amateure machen es schriftlich, Profis sprechen einen letzten Satz so, dass alle spüren: Das war der Schluss-Akkord. Applaus.

Die Spannungskurve lebt von Emotion. Viele haben Bedenken, dann unseriös zu erscheinen. Vielleicht bringt ein kurzer Ausflug in die Kognitionspsychologie neue Perspektiven auf diesen Aspekt von Wirkung.

Zusammengefasst

- Die Struktur Thema > Problem > Lösung ist die Mutter aller Storylines.
- Starke Einstiege sind der knallende Sektkorken einer Präsentation.
- Wählen Sie kraftvolle letzte Worte, die haften bleiben.
- Dazwischen können wir improvisieren, aber Start und Landung sollten sitzen.

5.2   Herz steuert Hirn

5.2.1   Logos, Ethos, Pathos

Bei den griechischen Rhetorikern der Antike unterschied man Logos, Ethos und Pathos und war sich einig, dass erst alles zusammen eine gute Rede ergibt. Logos sind die Worte, der Inhalt, die Argumente. Ethos ist die Absicht, mit der wir sprechen, die richtige innere Haltung. Sie hat drei Unteraspekte: Tugend, Einsicht und Wohlwollen. Ich muss zeigen, dass ich moralisch bin (Tugend), auf der Seite des Publikums stehe (Wohlwollen) und etwas weiß (Einsicht). Der Dalai Lama hat zweifelsfrei Tugend und Wohlwollen, aber wir würden ihm keine Rede über Finanzanlagestrategien abnehmen, das ist nun mal nicht sein Fachgebiet. Und zu guter Letzt Pathos. Das hat für uns heute einen eher negativen Beiklang von Übertreibung. Aber gemeint war damals: Leidenschaft fürs Thema. Wir wollen spüren, dass dem Redner sein Thema nicht völlig egal ist.

Hilfe, Gefühle!
Viele Manager und Geschäftsleute vor allem in Mitteleuropa sehen sich als rational handelnde Verantwortungsträger und sind skeptisch, wenn es um Emotionen im Business geht. Sie wollen zwar andere begeistern, aber selbst dabei kontrolliert bleiben.

Zudem haben wir in Deutschland historisch schlechte Erfahrungen mit einem Redner gemacht, der stark emotionalisierte. Doch wir sollten das Instrument nicht dafür in Haftung nehmen, dass es missbraucht werden kann. Mit einem Messer kann man Zwiebeln schneiden oder jemanden umbringen. Die Entscheidung liegt nicht beim Messer, sondern bei dem, der die Klinge führt.

Andere finden, Emotionalität passe nicht zu ihrem trockenen Thema. Die Befürchtung: Dann wirke ich nicht mehr seriös. Oft wird es auf die Unternehmenskultur geschoben („das geht bei uns nicht"). Aber ist das wirklich so? Wenn ja, wer erlässt diese ungeschriebenen Gesetze, wer verstößt erfolgreich dagegen? In vielen Organisationen gibt es bunte Hunde, denen keiner gesagt hat, dass dies die Kultur ist, und die sie dann einfach ignorieren. Diese Paradiesvögel präsentieren leidenschaftlich und werden dafür bewundert. Was hält uns wirklich davon ab, mehr Leidenschaft, Begeisterung, Freude, Betroffenheit, Verletzlichkeit oder Enttäuschung zu zeigen? In Kombination mit klaren Fakten hieße das schlicht: ganzheitlich präsentieren. Beide Hirnhälften werden angesprochen. Hirn und Herz bedient (s. Abb. 5.2).

Mit Worten bewegen

Stellen wir uns vor, wir sind auf der Empfängerseite. Würde unser Gemütszustand über die gesamte Länge unverändert bleiben, wir würden uns bald langweilen. Bestenfalls würden wir den Vortrag hinterher auf Basis seines Inhalts als solide einstufen, aber keinesfalls als inspirierend. Unser Verstand wurde erreicht, aber nicht unser Herz. Und mit Herz ist nicht zwingend gemeint, dass wir sentimental werden oder tiefe Gefühle wie Freude oder Trauer empfinden müssen. Es muss kein Vulkanausbruch sein. Die Palette hat zwischen Lachen und Weinen viel zu bieten. Wollen wir nicht zumindest Neugier, Überraschung, Staunen, Nachdenklichkeit, Zuversicht oder Betroffenheit hervorrufen? Denken wir an Präsentationen, die uns beeindruckt haben. Wahrscheinlich sind sie uns deshalb in Erinnerung geblieben, weil sie bei uns im limbischen System, dem Gefühlszentrum, etwas ausgelöst haben. Was hat die Person gesagt oder getan, das uns überrascht hat? Vielleicht mussten wir an einer Stelle schmunzeln oder fanden eine These provokant. Gab es eine Frage oder Bilder, die uns gepackt haben? Oder ein Aha-Erlebnis? Ein Aha-Erlebnis ist, wie der Name schon sagt, keine trockene Erkenntnis. Dazu müssen wir auch mal aus der professionellen Freundlichkeit raus und das Lächeln einstellen. Freundlichkeit ist schön – aber berührt uns nicht. Für Inspiration brauchen wir mehr emo-

ganzheitlich präsentieren

Abb. 5.2 Hirn und Herz. (Mit freundlicher Genehmigung von © Martin Cambeis 2018. All Rights Reserved)

tionalen Pegelausschlag. Entweder ernst, betroffen, verletzlich, verärgert, leidenschaftlich usw. oder begeistert, beglückt, beseelt usw.

Es gibt ein berühmtes Video von Steve Ballmer, damals Vize von Microsoft, auf dem er wie ein brünftig brüllender Bulle mit einer Überdosis Testosteron über die Bühne springt und schreit: „I – LOVE – THIS – COMPANYYY!!" Bei „company" überschlägt sich seine Stimme, und man weiß nicht, weint er gleich vor Rührung oder nimmt er Geiseln?

Die Reaktionen auf dieses Video sind immer geteilt. Die einen finden es stark, sogar inspirierend. Anderen ist das zu übertrieben. Und manche halten es für reine Show. Ein Problem dabei ist: Wir sehen nur diesen Clip und kennen den Kontext nicht. Ich habe mich mit jemandem unterhalten, der damals im Saal dabei war. Er sagt, es war bereits der dritte Tag einer sehr begeisternden Entwicklerkonferenz. Microsoft war auf einem Höhepunkt, und am Vorabend hatte man zusammen ausgelassen gefeiert. Im Kontext dieser Stimmung wirkte Ballmers Auftritt weder gestellt noch maßlos übertrieben. Es war echt – und man könnte argumentieren, dass es auch mutig war, sich als Top-Manager eines Welt-Konzerns so zu zeigen.

Müssen wir also schreien und wie ein Derwisch über die Bühne fegen, um zu inspirieren oder Menschen zu bewegen? Mein britischer Trainer-Kollege Chris Atkinson sagt dazu: „Die lauten, extravertierten Bühnen-Persönlichkeiten sind nur eine Unterkategorie dessen, was in der Kommunikation inspirieren kann. Wenn wir uns ansehen, was Menschen wirklich berührt, stellen wir fest, dass wahre Inspiration nichts damit zu tun hat, wie extravertiert, übertrieben oder beeindruckend jemand ist. Sondern wie authentisch. In welchem Maße ist jemand in der Lage, direkt aus dem Herzen zu sprechen" (Switched on Leadership 2015, S. 10). Je weniger Maske, je wahrhaftiger, desto mehr sind Menschen inspiriert.

5.2.2 Der Kopf denkt, dass er lenkt

Wir halten uns gemeinhin für vernünftige Menschen. An wichtige geschäftliche Entscheidungen gehen wir nicht emotional, sondern mit kühlem Kopf heran. Doch sind wir tatsächlich so rational, wie wir denken? Die Volkswirte verabschieden sich gerade vom Modell des Homo Oeconomicus, der angeblich nur nüchtern berechnend seinen Vorteil sucht. Das Leben ist voller Beispiele, die uns vor Augen führen, dass wir nicht immer zu unserem Vorteil oder auch nur ansatzweise klug entscheiden. Menschen springen in Flüsse, um ihren Hund zu retten, und ertrinken, während es der Vierbeiner wieder allein ans Ufer schafft. Und wenn wir anderen helfen, spenden oder Freunde zum Essen einladen, handeln wir dann zu unserem oder zu deren Vorteil? Wir handeln sozial. In seinem Buch „Die Kunst, kein Egoist zu sein" schreibt Richard David Precht dazu: „Einen Nutzen von etwas zu haben oder sich Vorteile gegenüber anderen zu verschaffen sind zwei völlig verschiedene Dinge, die sich im Leben nur gelegentlich überlappen." (Precht 2010, S. 150).

Wir frönen auch vielen ungesunden oder gefährlichen Aktivitäten wie Rauchen oder Inlineskaten. Ist das vernünftig? Nein. Inlineskaten gehört zusammen mit Fußball und Skifahren zu den unfallträchtigsten Sportarten. Warum machen wir es dann? Kurzfristiger Lustgewinn. Dagegen ist nichts zu sagen, wir sollten uns dessen nur bewusst sein.

Auch Wahlergebnisse beweisen regelmäßig, dass Menschen nicht unbedingt die Partei wählen, die tatsächlich ihre Interessen vertritt, sondern sich eher von irrationalen Aspekten leiten lassen. Meistens wählen wir nach Milieu und Aussehen. Uns sind die Politiker sympathisch, die in ähnlichen Lebenswelten wie wir zuhause sind: urban oder ländlich, progressiv oder konservativ, alternativ oder traditionell. Und all das machen wir weniger an konkreten Aussagen fest als eher an der äußeren Erscheinung (siehe erster Eindruck). Die wenigsten lesen tatsächlich Parteiprogramme und könnten vor einer Bundestagswahl auch nur drei zentrale Forderungen der Partei nennen, die sie zu wählen beabsichtigen. Erwiesenermaßen geben wir unsere Stimme lieber attraktiven als unattraktiven Menschen. Auch die Finanzkrise hat eindrucksvoll gezeigt, wie irrational seriös auftretende Banker und Experten entscheiden, wenn ihnen kurzfristige Anreize den Sinn vernebeln. Kaum einer hat die Blase auf dem US-amerikanischen Hypothekenmarkt kommen sehen, weil alle religiös an die unsichtbare Hand des Marktes geglaubt haben. Gesunder Menschenverstand wird öfter beschworen als eingesetzt.

> Wenn du denkst, dass du denkst, dann denkst du, dass du denkst. (Frei nach Gunther Gabriel).[1]

Schnelles und langsames Denken

Was steuert unser Denken und Handeln am meisten? Gefühle. Impulse, die schneller in uns entstehen, als wir bewusst wahrnehmen können. Der Kognitionspsychologe Daniel Kahnemann unterscheidet zwischen zwei Arten von Hirntätigkeit: schnelles Denken und langsames Denken. Er spricht von System 1 und System 2 – wobei es sich hierbei nicht um Hirnareale handelt, sondern um Funktionen (Kahnemann 2016, S. 33).

---

[1] Den Text zu Juliane Werdings Song „Wenn du denkst, du denkst" schrieb Gunther Gabriel.

Unter schnelles Denken fallen Intuition, Routine, erster Eindruck, Expertenlösung, kurz: alles, worüber wir nicht nachdenken müssen. Das können auch Antworten sein, die aus der Pistole geschossen kommen, weil die dazugehörige Information schon tausendfach abgerufen wurde. Sonne, Mond und …? In Paris steht der …? Oder Emotionen. Der Anblick einer Vogelspinne löst unmittelbar Gefühle und Bewertungen in System 1 aus.

Für die Antwort auf die Frage „Wie viel ist 17×34?" müssen wir nachdenken. Das langsame Denken, System 2, ist zuständig für Berechnung, Konzentration, Impulskontrolle, Logik. Kurz: alles, was Aufmerksamkeit und damit auch Energie braucht.

System 1 ist ständig aktiv, System 2 nur, wenn wir es brauchen und bewusst einschalten. Das ist der Hintergrund für eine der verblüffendsten Erkenntnisse der Kognitionspsychologie: Nur 2 % unseres Denkens sind bewusst.

Das können wir zunächst kaum glauben. Doch wir alle haben vermutlich schon mal auf einer langen Autobahnfahrt eine anregende Unterhaltung geführt und vielleicht fast unsere Ausfahrt verpasst, weil wir so ins Gespräch vertieft waren. Wer hat die letzten 50 km eigentlich auf den Verkehr geachtet und das Auto gesteuert? Unser Unterbewusstsein. Bei allen automatisierten Alltagstätigkeiten wie Gehen, Duschen, Essen usw. ist ein Großteil der Gehirnkapazität frei für assoziatives Denken. Wir führen ein ununterbrochenes Selbstgespräch mit uns und könnten wenig vom Inhalt wiedergeben, würde uns jemand danach fragen. Es denkt in uns. Ständig. Und das meiste kriegen wir kaum mit.

Wenn Männer schweigen und Frauen fragen „An was denkst du gerade?" – nicht misstrauisch werden, wenn als Antwort nur das wenig überzeugende „nichts" kommt. Die meisten wissen tatsächlich nicht, an was sie gerade gedacht haben, weil es nur der übliche assoziative Gedankenstrom in System 1 war.

Das Problem: System 2 ist überzeugt, die exekutive Kontrolle zu haben. Es hält sich für den Kutscher, der die Zügel in der Hand hält. Das mit den Zügeln stimmt. Nur lassen sich die Pferde selten vorschreiben, wo sie hingaloppieren. System 1 ist schnell und assoziativ unterwegs, das *Nach*denken kommt da*nach*.

System 1 ist daher meist die Basis für das, was System 2 tut. System 1 generiert ständig Vorschläge (Eindrücke, Intuitionen, Absichten, Gefühle). Wenn System 2 sie unterstützt, werden daraus Überzeugungen und willentlich gesteuerte Handlungen. Und so entsteht verkürzt gesagt unsere subjektive Realität: System 1 konstruiert eine Geschichte, die System 2 dann glaubt.

Was heißt das für unsere Entscheidungen? System 1 trifft die Vorentscheidung. Eine Faustregel besagt, dass 70 % aller Entscheidungen reine Bauchentscheidungen sind. Meine These: Die restlichen 30% sind auch Bauchentscheidungen – nur möchte System 2 im Nachgang ein paar Sachargumente hören, um sich einreden zu können, es sei eine Kopfentscheidung gewesen.

Worauf können wir als Präsentatoren achten, wenn wir zu Entscheidern sprechen bzw. wenn wir mit unserem Vortrag Entscheidungen beeinflussen oder herbeiführen wollen? Einfach ist es, wenn die Bauchentscheidung ohnehin schon in die gewünschte Richtung gefallen ist. Dann liefern die Sachargumente die Legitimation, sich mit der innerlich bereits getroffenen Bauchentscheidung auch wohl zu fühlen. Ansonsten gilt:

Sachargumente reichen nicht.

Zumindest nicht bei Entscheidungen, die schwerfallen, z. B. weil sie hohe Kosten, Umgewöhnung oder Gegenwind nach sich ziehen. Widerstände werden nie allein mit Vernunft beiseite geräumt, denn sie liegen nicht im Kopf, sondern tiefer. Wo Widerstände im Raum sind, müssen wir den skeptischen Verstand erst knacken, d. h. öffnen, damit er überhaupt bereit ist, Lösungsansätze zu prüfen. Der Philosoph Arthur Schopenhauer sagte sinngemäß: Was das Herz nicht kennt, lässt der Verstand nicht rein (Schopenhauer 1859).

Soweit die neueren Erkenntnisse der Psychologie. Doch wie können wir sie in unseren Präsentationen oder Wortbeiträgen nutzen? Wie können wir tatsächlich mit Worten bewegen? Das ist die Königsdisziplin der Rhetorik: Überzeugen und Inspirieren.

Zusammengefasst
- Eine gute Rede transportiert Inhalt, Haltung und Leidenschaft.
- Wer gar keine Gefühle zeigt, dem vertrauen wir weniger.
- Die meisten Entscheidungen werden unbewusst getroffen.
- Sachargumente allein reichen oft nicht, um zu überzeugen.

5.3   Überzeugen und Inspirieren

5.3.1   Ohne Emotion keine Motion

Wenn Menschen die Notwendigkeit einer Veränderung oder einer Investition zwar vernunftmäßig verstanden haben, aber dennoch Bauchschmerzen damit haben, dann werden sie innerlich weiter gegen sie ankämpfen. Oder sie stimmen nach außen hin zu, sabotieren das Ganze aber insgeheim. Das ist irrationales, kindisches Verhalten, aber den meisten von uns vermutlich nicht völlig fremd. Zum Beispiel: Ich weiß, ich sollte mehr Sport machen, aber … Ich weiß, ich sollte mal ein Testament aufsetzen, aber … Ich weiß, ich sollte mit dieser Mitarbeiterin ein Kritikgespräch führen, aber … Wir haben immer gute Ausreden. Wir wissen, was wir tun sollten, aber handeln nicht danach. Wir handeln erst dann, wenn die Kosten es *nicht* zu tun, spürbar größer werden als die Mühen der Entscheidung und Umsetzung.

Um Entscheidungen beeinflussen zu können, sollten wir wissen, worauf genau sie basieren. Von außen betrachtet auf einer Abwägung des Für und Wider. Doch im Kern wirkt das einfache Prinzip von Schmerzvermeidung und Lustgewinn. Das sind unsere inneren Treiber. Was wollen wir auf jeden Fall vermeiden? Und was ist für uns verlockend? In der Regel ist die Schmerzvermeidung die stärkere Antriebskraft. Wer ein Haus haben möchte, hängt sich rein. Wer den akut drohenden Verlust seines Hauses abwenden muss, hängt sich mehr rein.

Freischaffende Künstler werden manchmal bewundert für ihren Mut, ein Leben ohne Netz und doppelten Boden zu führen. Dabei ist es doch so: Sie können nicht anders. Ein Anstellungsverhältnis würde sie zu sehr einengen. Von anderen vorgeschrieben bekommen, was sie tun und lassen sollen, wäre ihr größter Schmerz, den sie unbedingt vermeiden wollen. Vermutlich leiden sie auch gelegentlich unter der finanziellen Unsicherheit. Aber der Preis des Freiheitsverlustes wiegt schwerer. Bei Angestellten ist es umgekehrt. Sie hätten gern mehr Autonomie. Aber im Zweifelsfall ist ihnen die Sicherheit wichtiger bzw. die Vermeidung von Unsicherheit. Es sei denn, der Leidensdruck erhöht sich bis zur Schmerzgrenze. Plötzlich sagen wir: „Jetzt reicht es!" Dann wir treffen neue Entscheidungen. Im Vertrieb wurde früher häufig mit Angst (Pain) gearbeitet, in der Lebensversicherungsbranche nannte man das „Sargdeckelklappern". *„Sie wollen doch sicher nicht, dass ... "*

Beispiel

Ein älterer Hamburger ruft seinen erwachsenen Sohn an, der seit einigen Jahren in Hongkong lebt. „Lieber Sohn, sprich bitte noch mit niemandem darüber, aber ich werde mich von eurer Mutter trennen. In aller Freundschaft, aber wir haben uns auseinandergelebt, ich werde die Scheidung einreichen." – Der Sohn ist entsetzt. „Bitte, Papa, tu nichts Übereiltes, können wir nicht als Familie darüber reden?! Weißt du was, ich nehme mir über Ostern ein paar Tage frei und komme. Bitte unternimm bis dahin nichts!" – Sofort ruft der Sohn seine Schwester an, die in London lebt, und erzählt ihr von dem Gespräch. Auch die Schwester ist schockiert. „Unsere Eltern waren doch immer so ein gutes Paar! Das darf nicht wahr sein! Ich hatte zwar etwas anderes vor, aber dann komme ich auch nach Hamburg. Wir müssen unserem Vater das ausreden!" Sie ruft zuhause an und erzählt ihrem Vater von den Reiseplänen. Der ältere Herr geht in die Küche zu seiner Frau und sagt vergnügt: „Stell dir vor Liebling: Beide Kinder kommen uns an Ostern besuchen! Und sie zahlen sogar ihre Flüge selbst!"

Beide Kinder möchten ihre Eltern als glückliches Paar sehen. Doch diese Aussicht motiviert sie nicht hinreichend für einen Besuch. Erst die Angst vor deren Scheidung ist Antrieb genug, sich in den Flieger zu setzen. Schmerzvermeidung ist oft unser stärkster Antrieb. Übertroffen nur von der Kombination: eine Handlung verspricht zugleich Gewinn *und* vermeidet Schmerz.

5.3.2 Die Motivatoren Pain und Gain

Bei uns allen basieren Entscheidungen auf Pain und Gain. Worin wir uns voneinander unterscheiden, sind die Antworten auf zwei Fragen: Was bereitet uns Freude? Und was wollen wir um jeden Preis vermeiden? Wenn eine Entscheidung bei uns in diesen Bereichen etwas auslöst – und das ist neurobiologisch gemeint – dann sind wir bereit, Dinge neu zu bewerten und andere Entscheidungen als bisher zu fällen. Das limbische System, unser Gefühlszentrum, muss involviert sein, sonst bewegen wir uns nicht.

> Um andere zu bewegen, müssen wir uns selbst bewegt zeigen.

Viele tun sich damit schwer. Sie *haben* Gefühle, aber sie *zeigen* sie nicht. Das ist wie im Straßenverkehr mit den Autofahrern, die keinen Blinker setzen, nach dem Motto: Ich weiß ja, wo ich hin will, und die anderen geht es nix an. Doch, Absicht ankündigen hilft den anderen, weil die sonst das Abbiegen erst bemerken, wenn es schon im Gange ist. Also: Gefühle haben ist schön. Sie zeigen ist besser. Dann haben auch die anderen was davon. Die emotionale Achterbahnfahrt ist die Psychologie hinter jeder starken Rede. Es muss ja nicht der 5er-Looping sein. Es reicht, sich ohne Maske und Versteckspiel und damit authentisch und verletzlich zu zeigen. Gerade die Tatsache, dass wir nicht perfekt sind, sondern auch gelegentlich Zweifel und Herausforderungen zu bestehen haben und darüber offen sprechen, ist inspirierend für andere. Paradoxerweise wirken wir stärker und vertrauenswürdiger, wenn wir uns auch mal schwach oder verletzlich zeigen. Die Psychologin Dr. Brené Brown sagt in ihrem berühmten TED-Talk: „Verletzlichkeit klingt wie Wahrhaftigkeit und fühlt sich an wie Mut. Wahrhaftig und mutig sein ist nicht immer angenehm. Aber es ist nie Schwäche." (Brown 2010).

5.3.3 Das Solution Statement

Eine gängige Dramaturgie, um die starken inneren Treiber Pain und Gain zu nutzen, ist das im Marketing bekannte Solution-Statement. Zu

Beginn der Rede ist der Gemütszustand unserer Zuhörer vermutlich auf mittlerem Niveau. Sie sind weder euphorisch noch niedergeschlagen in das Meeting gekommen. Wir holen sie auf neutralem Boden ab mit dem Statement, das in einem Satz das Thema vorstellt und den Kontext liefert. Machen wir nun gleich unseren Vorschlag zu diesem Thema, wird sich, wenn es ein guter Vorschlag ist, die Stimmung leicht aufhellen. Doch der Anstieg vom neutralen Stimmungs-Ausgangspunkt zur Lösung war nicht steil. Der gefühlt Mehrwert, den unsere Lösung gegenüber dem Status quo bietet, ist – na ja, ganz okay. Vielleicht auch ordentlich, sinnvoll usw. Das reicht für Kleinkram. Aber das reicht nicht, um andere dazu zu bringen, ein sechsstelliges Budget zu bewilligen oder sich auf den mühsamen Weg eines großen Change-Prozesses zu begeben.

Daher graben wir ein Loch, ein Stimmungsloch. Wir beweisen nun, warum dieses Thema nicht nur wichtig, sondern auch problematisch ist. Wir beleuchten ausführlich die negativen Konsequenzen, die drohen, wenn wir in dieser Situation *nicht* handeln. Wir dürfen sogar den Teufel an die Wand malen, wenn wir Anhaltspunkte dafür haben, dass es ihn gibt. Belege können sein: konkrete Beispiele, Zahlen, Studien, Statistiken, eigene Erlebnisse, Aussagen glaubhafter Dritter, Prognosen u. v. m.

> Wir dürfen sogar den Teufel an die Wand malen, wenn wir Anhaltspunkte dafür haben, dass es ihn gibt.

Der Schmerz muss groß, die Hürde fast unüberwindbar sein.

Nun haben wir Betroffenheit ausgelöst. Und erst jetzt ist der Verstand offen für die Einsicht: Stimmt, das ist tatsächlich ein Problem. Noch nicht heute, aber bald, wenn wir nicht handeln.

Nun schlagen wir eine Brücke zum Ausweg und bieten eine Lösung oder Lösungsvorschläge an. Da wir aus der dunklen Tiefe unseres Stimmungslochs kommen, ist es nun ein viel dramatischerer Kontrast, wenn zuletzt die gute Nachricht im Raum steht. Wir landen vermutlich auf dem gleichen Stimmungsniveau wie ohne eingeschobene Problemerörterung, aber der gefühlte Mehrwert unserer Lösung ist nun wesentlich höher (s.Abb. 5.3).

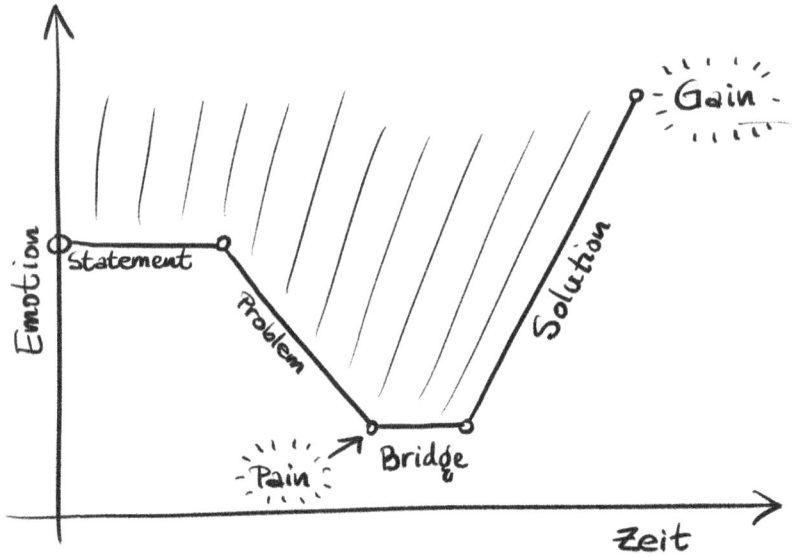

Abb. 5.3 Solution Statement. (Mit freundlicher Genehmigung von © Martin Cambeis 2018. All Rights Reserved)

Aufbau des Solution Statement
- **Statement:** ein neutraler, faktenbasierter Satz, um das Thema einzuleiten
- **Problem:** nun schildern wir eine negative Kausalkette die mit Fakten beginnt und möglichen worst case Folgen endet
- **Bridge:** eine rhetorische Frage als Überleitung zur Lösung (z. B. „was können wir tun?" – oder „Welche Lösung bietet sich an?")
- **Solution:** Die Lösung hat Alleinstellungsmerkmale und wir zeigen auf, welchen Nutzen diese haben.

Soweit der klassische Marketing-Pitch, der uns überall in den verschiedensten Abwandlungen begegnet, in Werbung, Broschüren, Filmen, PR. Der Kern ist die Grundstruktur fast aller Geschichten: Thema > Problem > Lösung. Mit anderen Worten: neutrale Ausgangssituation > schlechte Nachricht > gute Nachricht.

Fragen wir „Was willst du zuerst hören, die gute oder die schlechte Nachricht?", dann antworten die meisten: „Erst mal die schlechte" (und Zyniker antworten dann: „Die schlechte Nachricht ist, es gibt keine gute"). Wir hören lieber erst die schlechte, denn dann erholen wir uns wieder mit der guten. Das ist die Grund-Dramaturgie jeder guten Geschichte. Es fängt harmlos an, dann passiert was Schlimmes, die Helden geraten in Schwierigkeiten, zuletzt das Happy End. Mit dieser Stimmung wollen wir aus dem Kino bzw. dem Meeting gehen.

5.3.4 Menschen mögen Möglichkeiten

Eine Lösung oder mehrere? Ein häufiges Vorgehen beim Überzeugen: Wir werben nur für *unsere* Lösung, *unseren* Vorschlag, *unser* Produkt, *unsere* Idee. Warum? Gibt es tatsächlich keine Alternative? Manchmal mag das so sein. Aber oft führen viele Wege nach Rom. Wir sind überzeugt, es gibt nur eine richtige Strategie. Andere sehen das anders, weil sie andere Präferenzen oder an unserer Route etwas auszusetzen haben. Dann sollten wir diese Wünsche oder Bedenken adressieren, sonst bleiben die Widerstände bestehen und suchen sich ihre Bahn. Das Entstehen der AfD sollte allen eine Warnung sein, die anderen eine ungeliebte Lösung als alternativlos verkaufen wollen. Nichts ist alternativlos.

Menschen möchten Auswahl haben – aber nicht zu viel. Sieben Lösungsvorschläge stiften nur Verwirrung, denn Entscheiden ist anstrengend, und bei zu vielen Optionen wird das Abwägen unübersichtlich. Zwei wiederum ist zu wenig. Zwei Optionen, das fühlt sich an wie Erpressung („Geld oder Leben"). Aller guten Dinge sind drei – also sollten wir drei Lösungsvorschläge machen. Bei jedem nennen wir gleich viele Vor- und Nachteile. Denn wenn wir ehrlich sind, haben auch die anderen Ideen Vorteile – nicht nur unsere eigene –, und wir sollten die Vorschläge der anderen nicht schlecht reden, wenn wir sie nicht verprellen möchten. Wenn wir drei mögliche Wege sachlich mit Pro und Kontra gegenüberstellen, was denken die Zuhörer über uns? Sie denken: „Endlich mal jemand, der gründlich nachgedacht und die Sache aus mehreren Blickwinkeln betrachtet hat."

Es schafft Vertrauen, wenn wir anderen nicht einfach unsere Idee aufoktroyieren, sondern die Souveränität haben, unsere Idee mit anderen in Wettstreit treten zu lassen. Wobei zu diesem Zeitpunkt unsere Präferenz noch nicht zu erkennen sein darf. Wenn wir drei Vorschläge machen, zwei mit Skepsis in der Stimme und einen, bei dem sich unser Gesicht aufhellt, dann weiß jeder, das war keine ernst zu nehmende Auswahl, die anderen beiden Vorschläge waren nur Zählkandidaten.

Stellen wir aber alle Lösungen gleichberechtigt nebeneinander, ist die Wirkung: „Ah, die Person hat sich umfassend Gedanken zum Thema gemacht." Vielleicht auch: „Sehr gut, er/sie hat erkannt, dass auch die von *mir* präferierte Lösung ihre Vorteile hat." – Die Reaktanz sinkt. Die Bereitschaft von Menschen, eine ungeliebte Lösung mitzutragen, ist nachweislich höher, wenn auch ihre Vorschläge in Betracht gezogen wurden, selbst wenn diese letztlich verworfen werden. Ein konkretes Beispiel, wie mit dieser Redestruktur eine politische Veränderung herbeigeführt wurde, ist die Einführung des sog. Bestellerprinzips.

Beispiel

Im Sommer 2008 wurde gegenüber unserer Wohnung ein sehr tiefes und breites Loch gegraben, die künftige Tiefgarage eines neuen Wohnkomplexes. Das Rattern der Presslufthammer, das Dröhnen der Bagger von früh bis spät, die Staubbelastung, der Dreck – es wurde bald unerträglich. Uns war klar, diese Großbaustelle würden wir noch mindestens zwei Jahre lang vor der Nase haben. Wir wollten weg. Bald war eine schöne und geräumige Altbauwohnung im benachbarten Stadtviertel gefunden, in einer ruhigen Seitenstraße. Natürlich mit Makler, d. h. bei der Besichtigung musste jeder Interessent einen Maklerauftrag unterzeichnen. Eine schriftliche Lüge, denn ursprünglich beauftragt hatte den Makler natürlich der Eigentümer. Auch ich unterschrieb den Zettel, weil mir klar war: Anders kommst du in einem nachfragestarken Markt nicht an eine Wohnung.

Einige Tage später rief mich der junge Mitarbeiter der Maklerfirma an und gratulierte: „Wir haben uns für Sie entschieden, Sie bekommen die Wohnung!" Ich sagte: „Die Wohnung gefällt mir nach wie vor, sie hat nur einen Haken." „Oh, welchen denn?" „Der Haken sind Sie."

Das Überweisungsformular hatte ich schon halb ausgefüllt, aber bei der Unterschrift war ich ins Zögern gekommen. Ich sah nicht ein, warum ich jemandem mehrere tausend Euro überweisen sollte, dafür, dass er mir bei einem Massenbesichtigungstermin die Tür geöffnet und zwei Fragen beantwortet hatte. Seine Dienstleistung hatte er ganz klar im Auftrag und Interesse der Wohnungseigentümer erbracht. In meinem Interesse wäre z. B. eine günstigere Miete gewesen. Aber natürlich hatte der Makler dem

Eigentümer zur maximal möglichen Miete geraten, denn von der hing auch seine Provision ab. Ich war sauer. Warum lassen sich Millionen Mieter das gefallen? Zwei Parteien schließen einen Vertrag zu beiderseitigem Nutzen – und zahlen soll ein Dritter, der keine andere Wahl hat? Denn Wohnen ist kein Konsum wie der Kauf eines Schokoriegels, den ich auch bleiben lassen kann. Wir alle *müssen* irgendwo wohnen – und wenn Vermieter einen Makler dazwischenschalteten, wurden Mieter de facto gezwungen, die Kosten zu übernehmen, andernfalls gingen sie leer aus. Ich recherchierte und fand heraus, dass die Maklerprovision im Wohnungsvermittlungsgesetz geregelt ist. Doch dort stand nur etwas zur Höhe (zwei Nettokaltmieten), nicht jedoch *wer* zahlt. Ein Nebensatz, der klarstellt, dass nur der Auftraggeber zahlt, würde reichen.

Zeitgleich war auch Maklern aufgefallen, dass ihr Ruf durch diese Praxis gelitten hatte, und es wurde thematisiert, ob man statt der prozentualen Provision eine Vermittlungspauschale ins Gespräch bringen sollte. Und Mietervereine und SPD hatten den Gedanken, Mieter und Vermieter könnten sich die Provision je zur Hälfte teilen. Mir schien es gerechter, wenn der zahlt, der beauftragt, so wie bei anderen Dienstleistungen auch.

Am 25. Oktober 2010 hielt ich auf einer Stadtversammlung der Münchner Grünen eine fünfminütige Rede. Ich schilderte kurz das Problem und stellte die drei Lösungsansätze vor: 50:50, Pauschale oder Bestellerprinzip. Mein Schlusssatz lautete: Wer zahlt, schafft an. Wer anschafft, sollte auch zahlen. – Der Antrag wurde (durchaus bei vielen Gegenstimmen) angenommen und als Auftrag an die grüne Bundestagsfraktion weitergereicht. SPD-Abgeordnete griffen die Idee auf und sagten zu, sie im Falle einer rot-grünen Koalition statt ihres Konzepts umzusetzen. 2013 kam es dann zu einer großen Koalition aus CDU/CSU und der SPD. Zusammen mit der weniger erfolgreichen Mietpreisbremse wurde die Änderung des Wohnungsvermittlungsgesetztes beschlossen – und irgendwer fand freundlicherweise noch einen griffigen Namen für die Idee. Als Bestellerprinzip trat es am 01.06.2015 in Kraft. Die Bundesregierung schätzt, dass Mieter dadurch 500 Mio EUR jährlich sparen. Mittlerweile wird diskutiert, es auch beim Immobilienkauf einzuführen. Kurze Rede, große Wirkung.

5.3.5 Weiche Ziele – Wenn es nicht nur um den Inhalt geht

Nicht jeder wichtige Redebeitrag zielt auf eine Entscheidung. Manchmal wollen wir auch nur informieren oder zum Nachdenken anregen. Auch dann spielen Gefühle eine wertvolle Rolle. Wenn Information völlig emotionsfrei und knochentrocken vorgetragen wird, bleibt wenig über den Tag hinaus hängen. Und wenn wir zum Nachdenken anregen wollen, gilt wieder Schopenhauer: die Gedanken, die das Herz nicht wichtig findet, werden vom Kopf gar nicht erst gewogen. Gilt auch das in unserem Fall nicht, kommen wir auf die Grundlage aus Abschn. 1.2 zurück: Die erste Botschaft bist du. Manchmal sind wir als Person nicht nur die erste, sondern die ganze Botschaft. Wer auf der Verbandstagung oder der Kirchensynode den Haushaltsplan vorstellt, darf getrost damit rechnen, dass sich nur wenige tatsächlich im Detail für die Zahlen interessieren. Die Haushaltsrede steht als festes Ritual auf der Tagesordnung, oft schon aus satzungsrechtlichen Gründen. Dann wollen die Zuhörer nur den guten Gesamteindruck mitnehmen: Die Person ist die richtige für den Job, wir sind in guten Händen. Ich habe zwar nicht alles verstanden, aber ich vertraue dem Vortragenden, dass er die richtigen Schwerpunkte setzt und sinnvolle Entscheidungen fällt. Gleiches gilt für den Auftritt des CEO auf der Betriebsversammlung und ähnliche Anlässe. Man ist als Zuhörer nicht in erster Linie gekommen, um etwas zu hören, was ohnehin schon im Intranet steht, sondern man macht sich mal ein Bild von einer Führungskraft, die man selten zu sehen bekommt. Der Botschafter ist die Botschaft.

Ähnlich ist es zudem bei manchen Vorstands- oder Aufsichtsratspräsentationen. Die Eckdaten wurden schon vorab als Memo verschickt und die Windrichtung informell geklärt. Die Entscheidung ist quasi gesetzt, die Präsentation im Gremium ist nur noch das Befolgen des Dienstweges, damit auch fürs Protokoll abgenickt wurde. Auch dann liegen die Ziele der Präsentation eher im Bereich der Beziehungsebene: Bestätigung, Selbstdarstellung, Vertrauen herstellen, Beziehungspflege.

Der römische Rhetor Marcus Fabius Quintilianus schrieb: „Praxis ohne Theorie leistet immer noch mehr als Theorie ohne Praxis." Höchste Zeit also, dass wir uns wieder dem eigentlichen Vortrag zuwenden. Wir haben uns gute Gedanken gemacht, formuliert, strukturiert und vielleicht Folien dazu erstellt. Nun zu dem Moment, auf den es ankommt.

Zusammengefasst
- Wir bewegen uns nur, wenn das limbische System beteiligt ist.
- Die großen inneren Treiber sind Lustgewinn und Schmerzvermeidung.
- Lösungen überzeugen dann, wenn sie einen Schmerz beseitigen.
- Nichts ist alternativlos: Biete Optionen an!

Literatur

Brown B (2010) The power of vulnerability. https://www.ted.com/talks/brene_brown_on_vulnerability. Zugegriffen am 13.08.2020
Kahnemann D (2016) Schnelles Denken, langsames Denken. Penguin, München
Precht RD (2010) Die Kunst, kein Egoist zu sein. Wilhelm Goldmann, München
Schopenhauer A (1859) Die Welt als Wille und Vorstellung. Brockhaus, Leipzig
Switched on Leaderhsip (2015) How to engage and inspire your tea – interview with Chris Atkinson. Issue 33. Christele Canard, Brisbane

6

Showtime – Proben und PowerPoint

Zusammenfassung Bisher ging es um Körpersprache und die Planung einer Präsentation. Nun gehen wir gewissermaßen auf die Bühne. Wir besprechen den Wert von Probedurchläufen sowie den Umgang mit PowerPoint. Dazu gehören grundlegende Tipps für die Gestaltung sowie den Einsatz von Folien. Im zweiten Teil des Kapitels finden wir heraus, woher Nervosität kommt, wie wir sie mildern können und was wir tun können, wenn wir komplett den Faden verlieren.

6.1 Profis proben

Beim Theater gibt es die sogenannte Kostümprobe. Das ist ein Probedurchlauf, bei dem die Schauspieler zum ersten Mal auch genauso hergerichtet werden wie später bei den Aufführungen. Es wird geschminkt, gepudert, toupiert und eingekleidet, obwohl noch kein Zuschauer das zu

Ergänzende Information Die elektronische Version dieses Kapitels enthält Zusatzmaterial, das berechtigten Benutzern zur Verfügung steht https://doi.org/10.1007/978-3-658-30660-1_6. Die Videos lassen sich mit Hilfe der SN More Media App abspielen, wenn Sie die gekennzeichneten Abbildungen mit der App scannen.

sehen bekommt. Warum das wichtig ist, musste ich auf schmerzhafte Art lernen.

> **Beispiel**
>
> Als Sänger einer A-cappella-Gruppe sollte ich den Abend als Außerirdischer mit einer grünen Gummimaske eröffnen. Während der Proben übte ich nur meinen Text und sagte mir: Die Maske brauche ich dazu nicht. Ich beging den fatalen Fehler, sie am Abend der Premiere unmittelbar vor meinem Auftritt das erste Mal anzuziehen. War es der enge Sitz oder das Material? Jedenfalls raubte mir die Maske den Atem. Ich bekam kaum Luft und die chemischen Ausdünstungen des billigen Latex legten sich mir auf die Stimmbänder. Ich stand auf der Bühne und bekam keinen Ton heraus. Als Solist einer A-cappella-Gruppe. Nackter geht's nicht.

Wenn möglich, sollten wir uns als Präsentatoren vorab mit dem Raum bzw. der Bühne vertraut machen. Wir sollten die Technik testen und prüfen, ob alles funktioniert: Mikrofon, Projektor, Tonanlage, Steckverbindungen. Und wir sollten eine Generalprobe machen, d. h. zumindest einen kompletten Durchlauf. Das geht in den seltensten Fällen am späteren Tatort, aber dann sollten wir den späteren Realbedingungen wenigsten nahekommen. Heißt: im Stehen die Tonspur laut sprechen, als wären schon Zuhörer dabei. Vielleicht stehen sogar Kollegen, Freunde oder Lebenspartner zur Verfügung. Das Ganze im Sitzen einmal durchmurmeln ist keine Probe. Dabei entwickeln wir kein Gefühl, wie die Worte wirken, wo wir Pausen machen müssen, wo wir betonen sollten und vor allem wie lang das Ganze ist. Viele Redner stellen erst auf der Bühne fest, dass ihr Vortrag länger dauert als ihr Zeit-Slot und geben dann Gas um trotzdem alle Inhalte in der gegebenen Zeit durchzupreschen.

> **Beispiel**
>
> Der Bestseller-Autor Tim Robbins hatte sich bei seinem ersten TED-Talk 2006 inhaltlich zu viel vorgenommen und zudem nicht damit gerechnet, dass etwas Unvorhergesehenes seinen Ablauf durcheinander bringen könnte. In der ersten Reihe saß Al Gore, und es entwickelte sich ein lustiger Schlagabtausch, der Robbins Zeit kostete. Gegen Ende hetzte er durch seine Folien und bekam gnädig mehr Zeit zugestanden, um seine Geschichte zu Ende zu erzählen. Dennoch ein starker Auftritt, aber man wünscht sich, er hätte langsamer gesprochen – oder weniger reingepackt.

Entspannt beginnen

Einerseits sprechen wir adrenalinbedingt beim Auftritt schneller als sonst. Andererseits dauert es länger, Worte laut und deutlich auszusprechen, als sie halblaut vor sich hin zu nuscheln. Als Sprecher von Fernsehbeiträgen habe ich von Redakteuren tausendmal den Satz gehört: „Bei der Abnahme hat das noch gepasst." Das glaube ich. Aber bei der Abnahme mit der Chefin vom Dienst hast du nicht so deutlich artikuliert und betont wie ich jetzt vor dem Mikrofon. Bei vielen Wörtern summiert sich das und plötzlich brauchen wir für einen durchgetakteten 30-Minuten-Vortrag 34 min. Zudem sollten wir immer einen Puffer einplanen für Unvorhergesehenes. Der Beamer will nicht, das Mikrofon hält nicht, wir klicken in die falsche Richtung, es gibt Zwischenrufe, wir machen doch endlich mal Sprechpausen – oder uns fällt spontan etwas ein. Und das ist wunderbar, das ist live, so soll es sein. Nur: Das kostet Zeit und die sollten wir einplanen. Habe ich 40 min zur Verfügung, plane ich für 35 – höchstens.

> Nicht alles reinpressen, was geht. Lieber einen Zeitpuffer haben als hetzen.

Bevor es losgeht

Regelmäßige Flüssigkeitsaufnahme hält den Denkapparat fit und die Stimme geschmeidig. Achtung: Kaffee und Tee machen die Mundschleimhaut trocken (außer Früchtetee). Am besten stilles Wasser trinken. Zuviel Kohlensäure könnte im falschen Moment wieder raus wollen.

Letzter Kleidungscheck. Kein Marmeladenrest am Kinn? Kein offener Hemdknopf? Oder eine Haartolle, die kurios absteht (und ich zähle hier nur eigene Optik-Pannen auf)? Vielleicht kann noch mal jemand drüber gucken, bevor wir uns zeigen? Einmal schütteln, die Gesichtsmuskulatur entspannen, um nicht mit dem verbissenen Ausdruck eines Ironman vor die Menschen zu treten. Einatmen, ausatmen. Los!

6.1.1 Präsentieren mit Folien

Ich bin kein Fan von Folien, ich mache lieber PowerPoints ohne PowerPoint. Die Tonspur würde mir als auditivem Typ reichen. Doch PowerPoint ist nun mal das gängigste Präsentationstool weltweit. Oft sprechen

Menschen von einer Präsentation und meinen damit den Foliensatz. Dieses Buch wäre daher nicht vollständig, wenn wir nicht kurz auf die wichtigsten Dos and Don'ts beim Präsentieren mit PowerPoint (oder Keynote, Prezi usw.) eingehen würden.

Das Sündenregister ist allen bekannt: zu viele Folien, zu überladen, zu kleine Schrift, verwirrende Grafiken und Animationen, Inkonsistenz oder Redundanz zur Tonspur.

Die Vorteile liegen auch auf der Hand: Folien lassen sich gut vorbereiten, sehen schick aus, wenn sie gut gemacht sind, und dienen zugleich als Handout nach der Präsentation. Zudem lassen sich Folien im Gegensatz zu Flipcharts oder Whiteboard in der Größe skalieren, sodass ich auch ein großes Auditorium damit bespielen kann.

Zunächst zur häufigsten Unsitte. Auf vielen Folien ist einfach zu viel drauf. Nur die Essenz sollte drauf stehen. Häufige Sorge: Mein Chef besteht auf Vollständigkeit. Das Publikum ist kritisch, es müssen alle wichtigen Details gezeigt werden usw. Das verstehe ich gut. Wird der Foliensatz nicht ohnehin als Handout verteilt, verschickt oder bereitgestellt? Dann erstellen wir *zwei* Foliensätze: einen vollständigen mit allem Kleingedruckten. Und einen zweiten nur für die Präsentation, bei dem die Detailfolien ausgeblendet sind und starke Bilder mit wenig oder keinem Text dominieren.

> Erstelle zwei Foliensätze. Einen schlanken zum Zeigen und einen kompletten als Handout.

Denn das ist der größte Vorteil von Folien: Wir können Bilder zeigen. Dafür wurde PowerPoint erfunden. Die Tonspur liefert nur Sprache (digitale und lineare Kommunikation), die vom Hirn erst verstanden und eingeordnet werden muss. Abstrakte Inhalte wenden sich an die linke Hirnhälfte, die für Kognitives zuständig ist. Um auch die rechte Hirnhälfte (schnelles Denken) zu aktivieren, sollten Bilder gezeigt werden. Das war die Idee hinter diesem Tool: ganzheitlich präsentieren. Leider haben die Anwender bald entdeckt: Man kann in die Folien auch hineinschreiben! Mittlerweile ist PowerPoint das neue Word, und viele Vortragende nutzen es als Gedächtnisstütze. Sie verteilen fast das ganze Manuskript auf Folien und lesen dann nur noch ab, was da steht. Ein Jammer, wenn Folien nur das bieten, was die Tonspur besser kann: Text. Lesen und Zuhören zugleich ist eine Doppelbelastung für die linke Hirnhälfte, die rechte verkümmert. Daher sollten wir Folien in erster Linie nutzen, um Bilder zu zeigen.

> **Die wichtigsten Tipps für das Erstellen von Folien**
> - Ein starkes Bild pro Folie – möglichst wenig Text
> - Wenn schon Text, dann keine ganzen Sätze, sondern Bulletpoints
> - Wenn schon Bulletpoints, dann nicht mehr als sechs pro Folie
> - Schriftgröße: Minimum 36 Punkt für Text, 44 Punkt für Überschriften
> - Sparsam mit Animationen umgehen – weniger ist mehr

Beim Präsentieren lauern die nächsten Fallstricke: Entweder auf den Folien steht das, was der Redner ohnehin sagt (Redundanz), dann hätte er sich die Folie sparen können. Oder es steht etwas drauf, was gerade gar nicht zur Tonspur passt (Inkonsistenz), dann sind die Zuhörer verwirrt. Beim Fernsehen heißt das Text-Bild-Schere. Zuviel Geschriebenes schränkt zudem unsere Flexibilität ein. Wer plötzlich feststellt, dass die Zeit knapp wird, der sagt womöglich so etwas Bescheuertes wie: „Eigentlich wollte ich darauf noch eingehen, aber das überspringe ich jetzt aus Zeitgründen …". Und dann wird schnell im Foliensatz weitergeklickt. Jetzt fühlen sich die Zuhörer um Inhalt betrogen. Und merken, dass der Redner ein schlechtes Zeitmanagement hat. Idealerweise wissen wir vorher, wo die Abkürzungen sind, und springen so, dass es keiner merkt. Und es merkt ja keiner, wenn wir nicht explizit darauf hinweisen. Die anderen kennen unseren ursprünglichen Plan nicht. Es sei denn, die Agenda war zu detailliert – wovon ich abrate. Und wie komme ich schnell fünf Folien weiter, ohne dass alle mitbekommen, dass ich springe? Ganz einfach. Mit der Eingabe „Seitenzahl – Return" lande ich direkt auf der gewünschten Folie. Dazu muss ich allerdings die Seitenzahlen meiner Folien kennen oder einen sehr schlanken Foliensatz haben. Der Präsentainment-Geschäftsführer Andreas Bornhäußer schreibt: „Die Notwendigkeit, sich an den betriebenen Vorbereitungsaufwand halten zu müssen, nimmt im umgekehrten Verhältnis proportional zum tatsächlich betriebenen Vorbereitungsaufwand ab" (Bornhäußer 2001, S. 19). Einfach ausgedrückt: Je klarer und einfacher meine Struktur, desto leichter kann ich sie verlassen.

Weiteres Risiko bei Text: Wir sprechen noch über den ersten Bulletpoint, das Publikum liest bereits den fünften. Die Aufmerksamkeit sollte sich nie zwischen Folie und Redner entscheiden müssen. Geteilte Aufmerksamkeit ist doppelte Verwirrung. Wobei die Aufmerksamkeit automatisch mehr bei den Folien ist, wenn, wie in 98 % aller Konferenzräumen der Welt, die Leinwand genau mittig platziert ist. Folien sind so dominant geworden, dass wir oft gezwungen sind, seitlich zu stehen, damit alle gut die Leinwand sehen können. Und die meisten Präsentatoren fühlen sich sogar wohl damit, denn sie stehen nicht gerne im Mittelpunkt und sind ganz froh, wenn die Projektion im Zentrum ist. Wo immer möglich, baue ich das um. Seien Sie nicht der Sidekick in der eigenen Präsentation und lassen Sie sich nicht von Folien die Schau stehlen.

Folien sind Robin, Du bist Batman.

Die wichtigsten Tipps für das Präsentieren mit Folien
- Kein „betreutes Lesen"[1] – alle im Raum können selbst lesen, was auf der Folie steht.
- Bei Text still mitlesen, dann wissen wir, wie lange wir Zeit geben müssen.
- Zugewandt bleiben, nicht zur Leinwand umdrehen – der Laptop ist der Monitor.
- Tonspur ist komplementär zum Bild.
- Aufmerksamkeit steuern – Folie an, wenn es etwas zu zeigen gibt, Folie aus, wenn wir sprechen.

---

[1] Formulierung von Bornhäußer (2001), S. 101.

Sogar Menschen, die seit vielen Jahren mit PowerPoint präsentieren, ist nicht bewusst, dass man Folien live an- und ausschalten kann. Ich meine nicht die Funktion Folie ausblenden (dafür muss ich mich vorher entscheiden), sondern die Black-Funktion. Unabhängig davon, ob man mit PC oder Mac projiziert, schaltet im Präsentationsmodus ein Druck auf die B-Taste die Leinwand auf Schwarz. „B" wie „black" und das Bild ist weg. Noch mal B, und die Folie ist wieder zu sehen. Auf den meisten Presentern gibt es ebenfalls eine Taste dafür. So kann ich die Aufmerksamkeit steuern und auch dann im Zentrum stehen, wenn die Leinwand mittig hängt. Sollen die Menschen mir zuhören, schalte ich die Folie weg und stehe im Zentrum. Gibt es etwas zu gucken oder zu lesen, trete ich einen Schritt zur Seite und schalte sie an. Wird es im Raum zu dunkel, wenn ich auf Schwarz schalte, drücke ich die W-Taste („W" wie „white"), dann wird die Leinwand hell und weiß. Wem diese Funktion nicht geheuer ist, der kann auch schwarze bzw. leere Folien einbauen. So haben unsere Worte volle Aufmerksamkeit.

Für die Verspielten, die gerne überraschen wollen, gibt es noch ein Gimmick, das ebenfalls die wenigsten kennen. Die Tastenkombination Strg-P oder Command-P verwandelt den Mauszeiger in einen Pencil und ich kann live in eine Folie hineinmalen. Etwas krakelig, verblüfft aber alle. Das Ergebnis ist nicht permanent, nach dem Umschalten auf die nächste Folie sind die Linien weg.

6.1.2 Umgang mit dem Presenter

Was wir mal in der Hand haben, geben wir nicht mehr her. So ist es oft auch bei dem kleinen Gerät, mit dem wir die Folien weiter schalten (Presenter oder Klicker). Somit ist immer eine Hand belegt. Das ist nur dann sinnvoll, wenn die Folien zügig wechseln. Ansonsten wirkt es entspannter und souveräner, wenn wir den Presenter erst in die Hand nehmen, wenn wir ihn brauchen. Dazwischen weglegen, damit beide Hände frei sind für Gestik. Es kostet nur eine halbe Sekunde, ihn sich zu holen, die Zeit haben wir, wir sollten ohnehin mehr Sprechpausen machen.

Profi-Tipp: Presenter in die andere Hand

Die meisten nehmen den Presenter instinktiv in die Hand mit der sie auch schreiben. Das ist jedoch meist auch die aktivere Hand. Die Folge: wir wedeln mit dem Ding durch die Luft. Oder es wird dramatisch Richtung Bühnenhintergrund geklickt – obwohl doch der Rechner das Infrarotsignal empfängt und nicht die Leinwand. Daher am besten das Gerät in die *nicht-dominante* Hand (für Rechtshänder also die Linke) nehmen. Dann haben wir unsere „Haupthand" immer frei für asynchrone Gestik und die Klicker-Hand hängt seitlich entspannt und erledigt ihre Aufgabe unauffällig (s. Abb. 6.1). Keine Sorge, die Folien schalten auch weiter, wenn wir Richtung Boden klicken.

Wie viel Zeit verbringen wir mit dem Erstellen von Folien? Meist geht ein Großteil der Vorbereitungsarbeit für eine Präsentation in das Optimieren von Folien. Würden wir nur die Hälfte dieser Zeit darauf verwenden, uns über Relevanz und passende Körpersprache Gedanken zu machen, wir könnten mehr erreichen.

Und manchmal haben wir null Zeit in die Folien gesteckt, denn das hat ein anderer getan. Präsentieren sollen wir trotzdem.

Abb. 6.1 Nicht mit dem Presenter winken. (Mit freundlicher Genehmigung von © Martin Cambeis 2018. All Rights Reserved)

Die Präsentation eines anderen halten
Der Albtraum vieler. Wichtige Präsentation auf der Sales-Konferenz. Der Kollege, der präsentieren soll, fällt kurzfristig aus und der Chef sagt: „Mach du das doch, du bist in derselben Abteilung". Klar, wir sind auch vom Fach, aber nicht so tief im Thema drin wie der Kollege. Und die Folien sind schon gar nicht unsere. Die hätten wir ganz anders gestaltet. Und einige verstehen wir gar nicht. Was tun?

Es gibt drei Möglichkeiten:

- **Ehrlichkeit:** „Sorry, ich springe hier nur ein, ist eigentlich nicht mein Thema. Ich rattere das jetzt professionell runter, aber bitte keine Nachfragen, ich versteh selbst kaum, was ich hier vortrage." Das wäre brutal authentisch, aber nicht unbedingt klug.
- **Bluff:** Mit Schwung und Mut zur Lücke präsentieren. Das Publikum weiß ja nicht, wie die Präsentation eigentlich hätte sein sollen. Geht erstaunlich oft gut – wenn man die Selbstsicherheit mitbringt. Bei kritischen Nachfragen kann ich immer noch einräumen, dass ich kurzfristig eingesprungen bin.
- **Aneignen:** Die vermutlich beste Variante ist auch die aufwendigste. Sich die Präsentation zu eigen machen, d. h. gründlich mit ihr beschäftigen und sie für sich selbst und für das Publikum anpassen. Dann sollten wir aber auch die Prokura haben, Folien zu verändern oder rauszuschmeißen.

Immer wieder erzählen mir Trainingsteilnehmer, dass sie gerade in dieser Situation besonders nervös sind. Sie sollen das Lied eines anderen singen. Andere sind *immer* aufgeregt. Beim Radio hatte ich einen Kollegen, der stand jedes Mal, kurz bevor er „on air" ging, so unter Strom, dass ich mich fragte: Warum hat er ausgerechnet diesen Beruf ergriffen? Auch beim Theater habe ich Schauspielkollegen erlebt, die jeden Abend unter starkem Lampenfieber litten. Mir wäre das zu belastend für das Nervenkostüm. Aber manche gehen es offenbar therapeutisch an und suchen die Konfrontation mit ihren größten Ängsten. Wobei es gut wäre, wenn die Desensibilisierung auch irgendwann hilft. Ein bisschen Kribbeln ist gut. Doch was, wenn die Aufregung so groß ist, dass sie die Performance nicht mehr belebt, sondern blockiert?

Zusammengefasst

- Profis proben, denn das schafft Sicherheit und vermittelt ein Gefühl für Länge.
- Besonders die ersten Sätze sollten bewusst langsam gesprochen werden.
- *Wir* sind die Präsentation – nicht der Foliensatz.
- Präsentationen anderer sollten wir uns zu eigen machen.

6.2   Nervosität: Lieber tot als eine Rede halten?

Magensausen, trockener Mund, zittrige Stimme, schwitzige Hände, Faden verlieren bis zum völligen Blackout: Das sind die gängigen Symptome starken Lampenfiebers. Gestorben ist dabei in jüngster Zeit keiner. Der einzige mir bekannte Fall, bei dem jemand direkt im Anschluss an seine Rede verschieden ist, war Swami Yogananda 1952 in Los Angelos, aber der hat das auch in etwa so vorausgesagt. Und wer will ihm vorwerfen, dass er sich an seine Prophezeiung gehalten hat? Und einer hat mal eine Rede vier Wochen später mit dem Tod bezahlt. Am 4. März 1841 hielt William Henry Harrison, der 9. Präsident der Vereinigten Staaten, vor dem Weißen Haus seine Amtseinführungsrede. Es war ein bitter kalter Tag in Washington und Harrison weigerte sich, Hut und Jacke zu tragen. Harrison sprach zwei Stunden lang in der eisigen Luft und zog sich dabei eine schwere Lungenentzündung zu, an der er einen Monat später starb. Wir sollten also die Erkältung mehr fürchten als den Auftritt. Doch offenbar finden viele Auftreten schlimmer als Abtreten.

„Lieber tot als eine Rede halten". Dieses Umfrage-Ergebnis geistert seit Jahren durch Kommunikationstrainings. Tatsächlich rangiert die Glossophobie (Angst vor dem öffentlichen Reden) auf US-amerikanischen Ranglisten der größten Ängste regelmäßig unter den Top 5 und liegt in manchen Umfragen auf Platz 1, während die Angst vor dem Tod Platz 2 einnimmt (Croston 2012). Kaum zu glauben. Viele würden auf einem Begräbnis also lieber im Sarg liegen als die Trauerrede halten? – Vielleicht haben die Leute eher Angst vor der Angst, weil sie wissen, dass sie es versauen, wenn das Lampenfieber die Oberhand gewinnt? Haben wir nicht Angst vor dem Reden, sondern vor der Nervosität? Fest steht, die Nervosität ist da, fast bei allen. Und wir überschätzen oft die möglichen negativen Folgen eines schlechten Auftritts. Allerdings lässt sich das aus unserer Menschheitsgeschichte gut erklären.

Beispiel

Am Gründonnerstag im Jahre 1527 fand in der Münchner Frauenkirche gerade ein vorösterliches Abendmahl statt, als der Messerschmied Ambrosi Lossenhammer (ein echter Schmied-Name!) aufstand und laut in die Kirche rief: „Gott ist nicht im Brot! Drum sollte man es auch nicht anbeten!" Hui.

Heute würden wir sagen: Warum nicht? Kann man so sehen. 1527 allerdings war man in religiösen Angelegenheiten weniger entspannt. Keine Sorge, Lossenhammer wurde nicht gleich hingerichtet. Der Messerschmied wurde 47 Tage lang gefoltert und erst *dann* hingerichtet. Geköpft, um genau zu sein.

6.2.1   Das alte Alarmsystem

Über Jahrtausende war es für uns lebensgefährlich, ohne Deckung in der Savanne zu stehen. Wie schnell konnte da ein hungriger Löwe auf uns aufmerksam werden oder ein feindlicher Pfeil geflogen kommen. Später wurden wir zivilisierte Leute, lernten die Schrift und gingen festlich gekleidet in Gottesdienste. Aber nun machten wir uns wegen Fragen der Glaubensauslegung gegenseitig einen Kopf kürzer. Während der Inquisition lebte ein ganzer Orden davon. In Zeiten der Feudalherrschaft oder später in Diktaturen konnte es ebenfalls Kopf und Kragen kosten, sich mit eigener Meinung zu sehr aus dem Fenster zu lehnen. In einigen Gegenden dieser Welt ist das heute noch so. Nur in den Industrieländern hat sich das in den letzten Jahrzehnten gedreht. Plötzlich *sollen* wir uns exponieren, uns zeigen, wie wir sind, Querdenker sein und bitte, bitte, eine provokante Rede halten. Das ist relativ neu. Wir wissen es. Aber die Evolution hat das Memo nicht bekommen. Sie braucht etwas länger. Deshalb reagieren wir in einer schutzlosen Lage wie auf der Bühne immer noch so wie unsere Vorfahren. Leichtes Unbehagen bis hin zu offener Panik.

Die Evolution hat das Memo nicht bekommen. Deshalb drückt das Kleinhirn den Panik-Knopf.

Wie viele Ambrosi Lossenhammers es wohl in der Menschheitsge-schichte gegeben hat? Mutige Selbstdenker, die sagten, was ihnen durch den Kopf ging. Oder die taten, was ihnen ihr Gewissen eingab, ohne Rücksicht auf ihr eigenes Leben? So, wie während der Französischen Re-volution die mutige Charlotte Corday, die den blutrünstigen Jakobiner Jean Paul Marat in dessen Badewanne erdolchte, bevor er noch mehr Unschuldige auf die Guillotine schickt. Und dafür selbst enthaup-tet wurde.

Wie viele dieser Helden und Heldinnen konnten Kinder zeugen, be-vor sie zum Henker mussten? Wahrscheinlich wenige. Und deswegen sind wir nervös vor Auftritten. Wir stammen von den Vorsichtigen ab – denn die haben überlebt. Die Mutigen, diejenigen, die in der Schlacht an vorderster Front ins Getümmel ritten, die hat es meist auch als erste er-wischt. Die Tapfersten konnten zum Gen-Pool der Menschheit nicht so viel beitragen. Wir sind mehrheitlich die Nachfahren derer, die noch mal nachgedacht und dann lieber die Klappe gehalten haben. Und heute sol-len wir auf die Bühne! – Kein Wunder, dass die alte Alarmanlage in unse-rem Kleinhirn losgeht und Adrenalin ausschüttet.

> Wir stammen von den Vorsichtigen ab. Denn die haben überlebt.

Und was macht Adrenalin im Körper? Es bereitet uns auf die beiden Panikreaktionen unseres tierischen Erbes vor: Flucht oder Angriff, fight or flight. Dafür geht alles Blut in die Muskeln, damit wir entweder zu-schlagen oder schnell weglaufen können. Dieses Blut und der von ihm transportierte Sauerstoff fehlen dann an anderer Stelle, vor allem im Großhirn. Die Folge: Wir können nicht mehr klar denken, wir werden fahrig – und reden zu schnell.

Nervosität macht blöd

Am liebsten würden wir, wenn es unangenehm wird, tatsächlich flie-hen. Einfach raus aus dem Scheinwerferlicht. Oder wenigstens dem Müller aus dem Marketing, der grad so fies grinst, die Fresse polieren. Dem noch funktionierenden Rest unseres Großhirns ist klar: Das können wir beides nicht bringen. Und wenn weder Flucht noch Angriff möglich ist, erstarren wir vor Angst wie das Kaninchen vor der Schlange. Blackout. Leider gibt es keinen Knopf, den wir für sofortigen Adrenalinabbau drücken können. Ist das Hormon erst mal im Blut, dauert es eine Weile, bis es sich wieder abbaut. Wir kennen das vom Beinahe-Unfall. Es hätte fast gekracht, wir erkennen, dass es noch mal gut gegangen ist, sind aber nicht sofort wieder entspannt, sondern zittern noch eine Weile nach, weil es eben dauert, bis der Adrenalinpegel wieder sinkt. Der Schreck fährt schneller in die Glieder hinein als wieder heraus.

In diesem Moment ist unsere schlimmste Befürchtung wahr geworden. Wir blamieren uns und alle sehen es. Wir fühlen uns wie der Gladiator im Zirkus Maximus und gleich senkt sich der Daumen. Wir würden am liebsten im Boden versinken.

Mir ist das drei Mal passiert. Zweimal als Musiker – Text weg, keine Ahnung, welcher Teil jetzt kommt, Mist, jetzt merkt es jeder. Beim zweiten Mal war es ein großer Auftritt in Friedrichshafen (der Premierenabend mit der Gummimaske) und in der Zeitungskritik am nächsten Tag wurde zu Recht die Frage aufgeworfen, ob die *Meedels* (so hieß die Gruppe) mit mir als Neuzugang den richtigen Griff getan hatten. Beim nächsten Mal war ich besser vorbereitet. Die restliche Tournee lief super.

Das dritte Mal war meine Antrittsrede als neuer Teamchef bei einem Hörfunksender. Mir blieb vor Nervosität die Spucke weg, und zwar derart, dass ich fast keinen Ton mehr rausbrachte. Als Radiomoderator! Ich hätte mich gern an Ort und Stelle erschossen. Zum Glück konnte mir keiner eine geladene 45er in die Hand drücken, daher lebe ich noch und kann feststellen: Ich habe es nicht nur überlebt, es war mit Abstand betrachtet auch keine große Sache. Klar, das hätte man sich lieber erspart, aber nach einigen Tagen denkt kein Mensch mehr dran – außer man selbst. Tiere sind da lebensklüger. Die Gazelle, die vom Löwen angegriffen wird, rennt um ihr Leben. Kaum ist die Gefahr vorüber, schüttelt sie sich kurz und grast friedlich weiter. Wir sind noch Monate später innerlich aufgewühlt, wenn wir nur dran denken.

6.2.2 Tipps, um ruhiger zu werden

Was können wir tun? Vor allem: uns klar machen, dass die Aufgeregtheit normal ist. Und uns über Jahrtausende geholfen hat zu überleben. Wenn wir also das nächste Mal in uns Nervosität aufsteigen spüren, können wir ihr zurufen: „Hallo, altes Alarmsystem! Schön, dass du dich meldest. Vielen Dank für die guten Dienste in früheren Zeiten. Zur Info: Heute wird nicht geschossen. Ich darf hier was sagen – alles in Butter."

Schon jetzt sollte sich die Angst vor der Angst legen, bis nur noch das übrig bleibt, was wir bei einem Auftritt gut brauchen können: eine leichte Aufregung und Gespanntheit des Wesens, die uns wach und präsent sein lässt.

Weitere Strategien:

- Gute Vorbereitung: Das sollte selbstverständlich sein. Je besser vorbereitet, desto sicherer.
- Probedurchläufe: Profis proben, wir sollten es auch tun.
- Mentale Affirmation: Ich bin top vorbereitet und daher entspannt auf der Bühne usw.
- Power Posing: Sich mit Stift zwischen den Zähnen zum Lächeln zwingen, bis wir uns so fühlen, wie wir aussehen. Dazu noch die Arme hoch recken. Nach zwei Minuten schießen die Endorphine ein.
- Angst abschütteln: Überschüssiges Adrenalin muss raus, da hilft etwas Bewegung unmittelbar vor dem Start.
- Luft ablassen: Einmal kräftig ein- und ausatmen vor den ersten Worten.
- Ein lauter Sofa-Seufzer (ahjaaa) ist ein deutliches Signal ans Kleinhirn: Mir geht's gut.
- Slow Motion als Gegenmittel: Bewusst langsam sprechen, um dem Gehirn zu signalisieren: Das mit dem Adrenalin war ein Fehlalarm.

Zu einigen dieser Tipps gibt es das Erklär-Video 6 (Abb. 6.2).

Meine Lieblingsstrategie ist das friendly face. Manchmal macht einen jemand im Publikum nervös, der abweisend oder desinteressiert guckt. Meistens steckt keine Absicht dahinter, derjenige ist sich seiner Mimik schlicht nicht bewusst. Aber mich verunsichert das in den ersten Minu-

Körpersprache & Präsentation

**Adrenalin??
Tipps bei
Nervosität**

Abb. 6.2 Video 6: Tipps bei Nervosität (https://doi.org/10.1007/000-209)

ten. Also suche ich mir ein freundliches Gesicht. Wer schaut mich offen und wohlgesonnen an? Dort gucke ich hin, diese Person spreche ich anfangs bevorzugt an und tanke Sicherheit, bevor ich dann die Augen weiter wandern lasse.

Manchmal hört man immer noch den albernen Tipp, man solle sich das Publikum nackt vorstellen, um übermäßigen Respekt abzubauen. Hm. Will ich wirklich *dieses* Bild im Kopf haben, just in dem Moment, da ich mich auf meine Worte konzentrieren sollte? Ich halte das für keine gute Idee.

Die bessere Variante ist, sich daran zu erinnern, dass statistisch gesehen nur die wenigsten unter den Zuhörern geborene Rampensäue sind. Die meisten wären an unserer Stelle jetzt auch ein wenig nervös und empfinden eher Mitgefühl als Schadenfreude, wenn wir rot anlaufen. Sie sind froh, dass es nicht ihnen passiert ist – aber es will auch keiner anderen länger beim Leiden zuschauen. Sie freuen sich noch mehr, wenn wir uns wieder fangen und einfach weitermachen.

Außer dem alten Alarmsystem gibt es noch weitere Ursachen für Nervosität. Manchmal steht wirklich viel auf dem Spiel für uns. Dann brauchen wir etwas Vertrauen ins Leben. Was auch immer wir uns erhoffen, wenn es sein soll, wird es so kommen. Wenn nicht, dann soll es nicht sein, daran ändert mehr oder weniger Aufregung auch nichts. Gib dein Bestes und entspann dich! Mehr als dein Bestes geht schließlich nicht. Und unser Bestes ist immer unser Bestes unter den gegebenen

Umständen, die auch mal gegen uns sein können. Wenn unser Bestes tatsächlich nicht gut genug ist, können wir daran im Moment auch nichts ändern.

> Gib dein Bestes – das sollte reichen. Denn mehr als das Beste geht nicht, oder?

Und dann ist da noch ein Bösewicht: Erwartungen. Die der anderen überschätzen wir oft. Die meisten Geschäftsleute haben schon etliche todlangweilige Präsentationen über sich ergehen lassen müssen und erwarten wenig. Die Latte liegt meist niedrig. Gegen die Masse der Mittelmäßigen sollten wir gewinnen können. Schlimmer sind die eigenen Erwartungen. Wir sind unser ärgster Feind. Und auch wenn wir die anderen zur Erfüllung unserer Vision brauchen, müssen wir nicht in servile Katzbuckelei verfallen. Ein gesundes Selbstwertgefühl sollte uns davor bewahren, uns allzu abhängig von der Bewertung anderer zu machen.

> Hab dich lieb, dann können die anderen dich gern haben.

Nicht falsch verstehen: Es ist in Ordnung, hohe Erwartungen an sich zu haben. Aber ein Auftritt ist keine Sache von Muskelkraft, bei der ich mich einfach mehr anstrengen kann und dann wird das Ergebnis besser. Ein Auftritt ist – selbst in einem sehr nüchternen Kontext – fast so etwas wie ein künstlerischer Akt, der mal besser, mal weniger gut gelingt. Es ist ein lebendiger Austausch, zu dem zwei gehören: das Publikum und ich. Quasi zwei Unbekannte in der Gleichung, denn meine Tagesform habe ich nicht völlig unter Kontrolle. Die der anderen erst recht nicht. Eine Rede ist live und nie völlig im Voraus berechenbar. Erfolg und Niederlage gehören beide zum Spiel. Wir geben alles, was geht – aber mit stählernem Willen erzwingen zu wollen reißt die Performance womöglich erst recht zu Boden. Wir müssen aushalten, dass Unvorhergesehenes passiert und locker damit umgehen. Das Ding verkrampft auf die Zielgerade schieben wollen, macht uns nicht sympathisch. Im Gegenteil, wir können sehr an Sympathie gewinnen, wenn die anderen erleben, dass wir mit Pannen

locker umgehen. Der Vorstandsvorsitzende, dem auf dem Weg zum Rednerpult das Manuskript aus der Hand gleitet, das dann aufgehoben und
erst mal wieder sortiert werden muss, hat schon halb gewonnen, wenn er
darüber lachen kann.

> Kleine Pannen lassen uns sympathisch wirken, wenn wir locker damit
> umgehen.

Die Sozialpsychologie kennt das als den Pratfall-Effekt. Je kompeten-
ter wir eine Person einschätzen, desto liebenswürdiger wird sie in unseren
Augen, wenn ihr ein kleiner Fehler unterläuft. Die Panne macht den
Übermenschen wieder menschlich. Wenn hingegen der durchschnittli-
che Otto-Normal-Kompetente einen Lapsus produziert, gibt es keinen
Bonus, sondern dann greift die Schublade des ersten Eindrucks. Aha,
Fehler gemacht, offenbar kein Genie. Wenn Menschen deine Fehler
„süß" finden, halten sie dich offenbar für sehr kompetent, wenn nicht gar
einschüchternd.

6.2.3 Blackout-Strategien

Nun noch zum Worst Case: Wir verlieren komplett den Faden. Rien ne
va plus. Blackout. Erst mal: keine Panik! Meist geht gleich wieder das
Licht an. Nichts anmerken lassen. In diesem Moment machen wir unwillkürlich eine Mini-Pause, von der wir denken, dass sie bestimmt allen
verdächtig vorkommt. Wir sind verraten! Dabei hat noch keiner was ge-
merkt, denn unser kurzes Schreckpäuschen ist vermutlich 0,3 s lang – ein
Wimpernschlag. Wir haben auf der Bühne oder unter Stress kein zuver-
lässiges Zeitgefühl. Eine Minute mit Blasendruck vor der besetzten Toi-
lette kann uns vorkommen wie eine Ewigkeit. So ist es auch im Rampenlicht der ungewohnten Aufmerksamkeit. Das erhöhte Adrenalin lässt uns
auf höherer Umdrehung laufen, und Sekundenbruchteile kommen uns
lang vor. Ein kurzer Gedankenabriss passiert auch sehr geübten Rednern.
Die meisten sind nur kontrolliert genug, es sich nicht anmerken zu las-

sen. Sie überspielen es – und einen Moment später fällt ihnen wieder ein, was sie sagen wollten. Hier der Notfahrplan des Bühnenprofis:

- Einmal ein- und wieder ausatmen und dabei entweder bedeutungsvoll in die Menge oder sinnierend auf den Boden gucken. Wir beruhigen uns und voilà, da ist er wieder, der rote Faden.
- Falls uns nur in den Kopf kommt „Hilfe, ich weiß grad echt nicht, wie es weitergeht!", können wir jemanden fragen, der sich auskennt, und zwar die Person, die diese Präsentation erstellt hat, also uns. Nur verkleiden wir es als rhetorische Frage an die Zuhörer. „Was heißt das nun für uns? – Was wollen wir als nächstes betrachten? – Was fehlt jetzt noch? – Wie geht es nun weiter?" Usw.
- Abwarten, Kunstpause, oft fällt einem tatsächlich die Antwort auf die Frage ein, weil irgendein Teil unseres Gehirns zugehört hat und weiß, was als letztes gesagt wurde. Das ist wie beim automatischen Sichern auf dem Rechner. Wir können auch unsere letzten Worte laut wiederholen, falls sie noch im Arbeitsspeicher sind. Kann helfen, wieder in die Spur zu finden.
- Immer noch keine Erleuchtung? Ok, jetzt wird es ernst, dann muss das letzte As aus dem Ärmel gezogen werden: In der Sakko- oder Hosentasche habe ich immer einen Zettel mit den wichtigsten Stichworten. Ich sage: „Das, was jetzt kommt, ist mir besonders wichtig, deshalb hab ich mir das aufgeschrieben, damit ich es auf keinen Fall vergesse." – Dann ziehe ich den Zettel aus der Tasche und lese, wie es weiter geht. Nun sollte allerdings keine Banalität kommen. Obwohl – man kann alles gut verkaufen. Selbst wenn ich dann sage: Mittagessen ist um 12:30 Uhr, ist das ein Lacher. Und wenn der Zettel nicht weiterhilft, weil nur große Kapitelüberschriften drauf stehen und ich keinen Schimmer habe, wo im Ablauf ich bin, dann punkte ich mit Ehrlichkeit: „Sorry, jetzt bin ich völlig aus dem Tritt gekommen und muss erst mal nachgucken, wo wir sind". Nimmt einem auch keiner übel.

Am besten, wir gehen nachsichtig mit uns um. Irren ist menschlich. Und Nervosität erst recht. Ich musste bei Moderationen schon oft bluffen und bei wenig Ahnung kompetent wirken. Ich verfahre dann nach

Profi-Tipp: Im Zweifelsfall ablesen

Das mit dem Zettel mache ich als Moderator zur Sicherheit immer bei schwierigen Namen, Abkürzungen oder Fachbegriffen. Bevor ich mich oder den Gast blamiere und jemand falsch betitle oder einen zentralen Begriff falsch spreche, lese ich das lieber sauber ab. Und verkaufe es ehrlich: „Ich möchte das ablesen, damit ich das auch richtig sage." Leuchtet jedem ein.

Beispiel

Auf einer sozialpolitischen Veranstaltungsreihe musste ich mehrfach Irmgard Badura ankündigen, die damalige „Beauftrage der Bayerischen Landesregierung für die Belange von Menschen mit Behinderung". Sowohl der lange Titel als auch der etwas ungewöhnliche Nachname waren ein potenzieller Stolperstein. Beim ersten Mal habe ich es gerade noch unfallfrei rausgebracht. Beim nächsten Mal bin ich kein Risiko eingegangen und hab den Spickzettel mit ihrer Visitenkarte darauf aus der Tasche gezogen und abgelesen. Die Leute hörten den langen Titel und hatten sofort vollstes Verständnis.

der Devise: den Pfeil abschießen und das, was man getroffen hat, zum Ziel erklären.

Wenn jemand vorne steht und sichtbar sehr nervös ist, entsteht oft auch keine gute Verbindung zum Publikum. Wie auch? Die Person ist zu sehr mit sich selbst beschäftigt. Doch wenn es uns nicht gelingt, einen guten Rapport mit den Zuhörern herzustellen, war alle Mühe vergeblich.

Zusammengefasst

- Nervosität ist die Reaktion eines alten Alarmsystems.
- Was hilft: Ausatmen, Zeit lassen, friendly face.
- Eigene Erwartungen hinterfragen nimmt Druck raus.
- Beim Blackout pausieren. Oft kommt der rote Faden wieder.

Literatur

Bornhäußer A (2001) Präsentainment. Die hohe Kunst des Verkaufens. Benleo, München

Croston G (2012) The thing we fear more than death. https://www.psychologytoday.com/us/blog/the-real-story-risk/201211/the-thing-we-fear-more-death. Zugegriffen am 13.08.2020

Robbins T (2006) Why we do what we do. https://www.ted.com/talks/tony_robbins_asks_why_we_do_what_we_do. Zugegriffen am 13.08.2020

7

Verbindung herstellen

Zusammenfassung Je stärker das Sachziel einer Präsentation mit einem Beziehungsziel verknüpft ist (sie sollen mich mögen, mir vertrauen, mir glauben, mir folgen usw.), desto wichtiger ist die Verbindung zum Publikum. Das leuchtet ein. Doch wie stellt man sie her? Und wie hält man sie auch im Laufe eines längeren Vortrags aufrecht? Darum geht es in diesem Kapitel.

Sieht man sich Mitschnitte von Politikerreden aus der Zeit vor dem Zweiten Weltkrieg an, fällt auf, dass diese Redner oft keinen Augenkontakt suchten, sondern über die Masse hinweg sprachen, den entschlossenen Blick auf einen unbestimmten Punkt am Horizont richtend. Vielleicht konnten sie sich so besser auf ihren Text konzentrieren (immerhin gab es damals keine Teleprompter). Vielleicht aber empfanden sie auch, dass sie – Priestern gleich – ihre Botschaften von einer höheren Ebene empfangend gar nicht an Einzelne richten mussten. Was ist schon das Individuum angesichts des göttlichen Auftrags? Derart enthoben zu präsentieren können sich heute allenfalls Diktatoren leisten, die sich keiner echten Wahl stellen. Alle anderen müssen um die Gunst des Publikums buhlen und daher den Kontakt suchen. Mancher muss das erst lernen.

© Springer Fachmedien Wiesbaden GmbH, ein Teil von Springer Nature 2021
D. U. Schott, *Souverän präsentieren – Die erste Botschaft bist Du*,
https://doi.org/10.1007/978-3-658-30660-1_7

Beispiel

1995 war ich ein erfolgreicher Radiomoderator in München. Eines Tages wurde ich als Warm-upper für die Pilotfolge einer neuen RTL-Talkshow engagiert. Warm-up heißt, das Studio-Publikum vor einer Aufzeichnung in Stimmung bringen, damit die Kameras wache, begeisterte Gesichter einfangen. Die Moderatorin hieß Bärbel Schäfer und das Neue am Konzept war: Das Publikum sollte nicht nur auf Befehl mit den Füßen trampeln und johlen wie sonst üblich, sondern mitdiskutieren. Daher sollte auch der Warm-up mehr sein als die übliche Ferienclub-Animation („Na, wollt ihr alle ins Fernsehen? Dann zeigt mal wie laut ihr KLATSCHEN KÖNNT!!"). Man wollte einen „journalistischen" Warm-up mit mehr inhaltlicher Interaktion. Es ging darum, das Studiopublikum zum Reden zu bringen. In meiner Morning-Show hatte ich oft Hörer am Telefon und die Produzenten dachten sich: Der kann gut mit Leuten. Tatsächlich war die Pilotfolge ein großer Erfolg. Für Bärbel Schäfer und auch für mich, denn der Warm-up kam glänzend an. Einige Wochen später kam ein Anruf aus Köln. Im Oktober würden die regulären Aufzeichnungen beginnen, ob ich zur Verfügung stünde. Warm-up war nicht mein Ziel, aber ein potenzielles Sprungbrett. Also ging ich für zwei Monate nach Köln.

Erster Tag der Aufzeichnungen: Ich betrat die große Studiohalle in Hürth-Kalscheuren und war top vorbereitet. Ich hatte mir Gags geschrieben, die einen Bogen von aktuellen Aufregern zum Thema der Sendung schlagen würden und mir gute Fragen für das Publikum überlegt. Große Kameras bewegten sich zwischen den Kulissen und auf den ansteigenden Rängen saßen ganze Busladungen Menschen, die sich auf einen unterhaltsamen Nachmittag beim Fernsehen freuten.

Gleich mein erster Satz war ein Kracher. Spitzen-Gag! Allerdings kam nicht die gewünschte Reaktion. Es kam – nichts. Kein Lacher. Kein Mucks. Die Leute sahen mich unverwandt an. Ich war etwas verunsichert, das hatte ich mir anders vorgestellt. Gleich schob ich die nächste Pointe hinterher. Auch die zündete nicht. Nanu!? Sind die müde von der Busfahrt? Nach außen machte ich professionell weiter, innerlich wurde mir flau und ich hätte am liebsten abgebrochen. Es half nichts, da musste ich durch. Nach einigen Minuten war das Publikum bereit, immerhin die Mindestanforderungen zu erfüllen. Mal klatschen, mal johlen, mal „Buh!" rufen und dergleichen. Stimmung!? – Meine war am Boden. Zwei Stunden später würde die nächste Aufzeichnung starten. Was konnte ich anders machen? Mir fiel nichts ein. Das hatte doch beim Piloten so gut geklappt. Was war hier los?

Auch die nächste Runde mit neuem Publikum lief zäh. Es war, als würde ich gegen eine Wand sprechen. Kein Echo, keine Resonanz. Das zog mir den letzten Rest von Selbstbewusstsein aus den Adern, ich war völlig verzweifelt. Wie sollte ich noch zig Aufzeichnungen durchstehen? Ich konnte nicht mehr, ließ das Mikrofon sinken und setzte mich neben einen jungen Kerl, der ganz vorne rechts saß und sagte: „Tut mir leid, ich soll euch in Stimmung bringen – aber offenbar bin ich eine komplette Fehlbesetzung! Bitte hilf mir. Was mache ich falsch!?"

Nun geschah ein kleines Wunder. Die Stimmung drehte sich. Nachdem ich mit dem ersten Zuschauer im Gespräch war, riefen mir andere etwas zu, und erst in diesem Moment begann ich, all die Menschen auf den Bänken bewusst wahrzunehmen. Plötzlich waren wir im Dialog und der Warm-up lief.

Erst abends wurde mir klar, was los gewesen war. Ich war überzeugt, meine Gags und schlauen Fragen seien entscheidend, in die hatte ich viel Mühe gesteckt. Ich hatte mich so auf meinen Inhalt konzentriert, dass ich die Zuhörer darüber völlig vergessen hatte. Ich hatte sie nicht einmal richtig wahrgenommen. Sie waren nur klatschende Masse. Ich hatte *zu* ihnen gesprochen, aber nicht *mit* ihnen. Das hatten sie gespürt. Wie ein arroganter Schnösel muss ich gewirkt haben. Kein Wunder, hatte keiner Lust, über meine vorbereiteten Witze zu lachen. Erst als die Fassade bröckelte und ich ehrlich gezeigt hatte, wie es mir geht, haben sich auch die Zuschauer geöffnet. Was für eine Lektion!

Am nächsten Tag war alles vom ersten Moment an anders. Ich habe erst mal Kontakt aufgebaut, bin auf Leute zugegangen, habe Small Talk gemacht, mich erkundigt, wo sie herkommen, ob der Busfahrer eine coole Socke ist, wer mit wem verwandt ist. Nichts davon war besonders originell, nichts davon war „journalistisch". Aber es hat funktioniert. Das Publikum und ich, wir waren für 15 min eine eingeschworene Gemeinschaft. Und haben eine Verabredung getroffen: Heute haben wir Spaß!

Es war eine der wichtigsten Erfahrungen meiner Laufbahn. Ich habe danach noch ca. 700 Veranstaltungen moderiert und unzählige Live-Sendungen. Später habe ich Hunderte Seminare in 15 Ländern gehalten. Und immer habe ich mir das Publikum oder die Teilnehmer in den ersten 30 s zum Freund gemacht. Indem ich auf Augenhöhe war und mich nicht wichtiger genommen habe als irgendjemanden im Raum. Diese innere Haltung ist entscheidend. Denn bei anderen Veranstaltungsformaten konnte ich nicht mit dem Mikrofon auf Leute zugehen und fragen, wie die Busfahrt war. Ich musste andere Wege finden, diese Verbindung herzustellen, und habe sie gefunden.

Warm-up heißt: Nicht gleich losrattern – erst mal die Verbindung herstellen.

Wenn die Rede der Hauptgang ist und die Eröffnung die Vorspeise, dann ist der Warm-up der Aperitif, der Gruß aus der Küche, das Magentratzerl wie man im Bayerischen sagt.

7.1   Von Antenne bis Augenhöhe

Nach meiner RTL-Erfahrung habe ich diesen Moment des sich Verbindens als Warm up abgespeichert. Das können wenige Sekunden sein, das kann sich über einige Minuten hinziehen, wenn z. B. eine technische Verzögerung überbrückt werden muss. Oder wir noch warten müssen, bis alle Teilnehmer eines Meetings da sind, weil es vorher nicht starten soll. Wie stellen wir die Verbindung her? Hier die sechs Dinge, auf die ich mal mehr, mal weniger bewusst achte:

- **Antennen ausfahren:** Schon bevor ich dran bin, schaue ich mir die Leute an und nehme Witterung auf. Wie ist die Stimmung, was verraten mir die Gesichter, die Bewegungen, die Gruppierungen. Sind die Menschen angespannt, gibt es Fraktionen, kennen sich alle oder irren manche allein umher? Sehe ich Erschöpfung, weil schon viel auf dem Programm stand? Wie ist die Energie, was werden diese Leute gleich von mir brauchen? Muss ich Energie reingeben oder Druck rausnehmen? Einen starken Impuls setzen, damit alle wieder wach werden? Oder ihnen mit einem langsamen Anlauf Zeit geben zu verdauen, was bisher war? Hier gibt es kein Rezept, es geht darum, die Antennen auszufahren und zu spüren, wo ich diese Menschen gleich abholen kann (s. Abb. 7.1). Das ist eine Frage von Intuition und Erfahrung und geht natürlich nur, wenn ich nicht vor lauter Nervosität nur mit mir selbst beschäftigt bin. Vergiss dich, es geht um die anderen!
- **Der Gang auf die Bühne:** Basierend auf meinem Eindruck von der Stimmung passe ich schon meine ersten Schritte in die Aufmerksamkeit den Bedürfnissen der Menschen an. Wen brauchen sie jetzt? Den Dynamiker oder den Seriösen? Genau den kriegen sie. Entsprechend bewege ich mich. Ist das nicht unauthentisch? Nein, das bin trotzdem

immer ich. Nur jeweils die Seite von mir, die jetzt gebraucht wird. Ist das Anbiedern? Nein, Dienst an der Sache zu unser beider Vorteil.

- **Blickkontakt mit dem Publikum aufnehmen:** Erst mal stehe ich nur aufrecht und mit guter Körperspannung da und blicke in die Runde. Und das klingt vielleicht banal, aber ich schaue die Menschen wirklich *an*. Ich zeige meine Freude, hier mit ihnen zu sein. Das ist kein langer Moment, das sind oft nur zwei Sekunden. Einatmen, Ausatmen. Das Avner Eisenberg Opening aus Abschn. 5.1.2. Positive Anspannung, räumliche Präsenz, meinen Platz auf der Bühne einnehmen, den Raum einatmen, Freude. Mein Gesicht sagt: Los geht's. *Lasst uns Spaß haben!*
- **Die ersten Worte:** Wenn schon Stille eingekehrt ist und alle Blicke bei mir sind, dann kommt jetzt meine vorbereitete Eröffnung. Wenn nicht, dann spreche ich ein paar Worte, einfach um für meine

Abb. 7.1 Verbindung. (Mit freundlicher Genehmigung von © Martin Cambeis 2018. All Rights Reserved)

Eröffnung gleich die volle Aufmerksamkeit zu bekommen. Die Dinge, die ich in solchen Momenten sage, würden andere vermutlich als Icebreaker bezeichnen. Ich finde das ein komisches Wort. Welches Eis denn? Wir sind doch nicht am Polarmeer. Aber bitte. Was ich nicht sage, ist: „Hallo, herzlich willkommen" u. ä. Das kommt *nach* der eigentlichen Eröffnung. Was ich auch nicht sage, ist so was Dämliches wie „Test, Test … 1, 2, 3". Dann lieber: „Wie geht es euch?" Oder: „Mir scheint, Sie haben heute noch viel vor." Die Worte basieren auf den Beobachtungen in Schritt 1. Ich nehme Bezug auf die Stimmung im Raum, auf das, was ich sehe, was bisher war oder noch kommt. Abhängig vom Rahmen kann das eine witzige Bemerkung sein oder etwas relativ Banales. Es ist angemessener Small Talk. Wenig Inhalt, aber Beziehungsaufbau.

- **Relevanz herstellen:** Nun kommen die ersten zwei Minuten, in denen ich hoffentlich die richtigen Gedanken vorbereitet habe, damit das Publikum denkt: Dieses Thema ist relevant für uns, gut, dass wir hier sind. Darauf verlasse ich mich nicht blind. Ich spreche gerade am Anfang langsam und deutlich (Sprech-Yoga), um nebenbei auch das Publikum lesen zu können. Steht die Verbindung, landen meine Worte dort, wo sie hin sollen? Wenn nicht, noch mehr Tempo rausnehmen, eine rhetorische Frage stellen und alle mitnehmen.

- **Auf Augenhöhe mit dem Publikum:** Das Mitnehmen ist vor allem eine Frage der inneren Haltung. Die räumliche Situation bei vielen Präsentationen oder Vorträgen könnte uns zu der Annahme verleiten, wir seien die Hauptperson, denn wir stehen erhöht, im Scheinwerferlicht, alle Augen sind auf uns gerichtet. Ja, wir bündeln gerade die Aufmerksamkeit und wir sind in unserer momentanen Rolle auch die sichtbare Hauptfigur, der König im Raum. Aber was ist ein König ohne Untertanen? Eine Witzfigur. Erst die Anwesenden adeln den Redner. Sie sind die wichtigsten Menschen im Raum, denn für sie findet die Veranstaltung, der Vortrag, die Präsentation statt. Die Kunst guter Redner besteht darin, Nähe herzustellen, ohne dafür von der Bühne zu klettern. Mit Augenkontakt, Zugewandtheit und Offenheit können wir nahbar sein – ohne räumlich einen Meter näher an die Leute heranzurücken.

7.2 Die Präsentation als Dialog

7.2.1 Zuhören beim Sprechen

Alles lauscht und einer spricht? Der äußerlich monologische Charakter einer Präsentation sollte uns nicht in die Irre führen. Es bleibt ein gemeinsamer Gedankenaustausch. Nur sind dabei die Gedanken *einer* Person für alle hörbar, die der anderen nicht. Sie treten einzeln in einen stillen Dialog mit dem Gehörten. Wenn wir das als innere Haltung einnehmen, werden die anderen spüren, dass hier nicht nur „abgeladen" wird, sondern ein Austausch stattfindet. Ein Geben und Nehmen das sich in seiner Intensität hochschaukeln kann. Beide Seiten investieren Aufmerksamkeit. Aufmerksamkeit ist Energie.

> Wirkung ist Wechselwirkung. Wie wir hineinrufen, so schallt es zurück.

7.2.2 Senden oder Empfangen

Extravertierte müssten sich leichter tun mit dem Verbinden als Introvertierte, könnte man meinen. Eher umgekehrt. Ausgeprägt extravertierte Menschen sind oft so stark auf Sendung, dass auf dem Rückkanal nur wenig bei ihnen ankommt. Introvertierte Menschen empfangen mehr, als sie senden und sind empfänglicher für die Schwingungen um sie herum. Die einen sind wie Lautsprecher, die anderen wie Mikrofone. Die einen können lernen, den anderen mehr Raum zu geben. Die anderen, deutlicher zu senden, damit wir ihre oft tiefen Gedanken auch hören.

7.2.3 Großes und kleines Publikum

Ist es leichter, die Verbindung zu zehn oder zu hundert Menschen herzustellen? Viele finden große Gruppen furchteinflößend. Dabei haben viele das Sprechen vor großem Publikum noch gar nicht erlebt, vielleicht besteht die Angst nur im Kopf. Mir geht es umgekehrt: 40 empfinde ich als angenehm, 400 als angenehmer. Ab 2000 macht es keinen Unterschied mehr. Meine größte Zuschauermenge waren einmal 20.000 Menschen auf dem Odeonsplatz in München, und von denen konnte ich ohnehin nur die vordersten paar Hundert wirklich wahrnehmen, nach hinten war es nur noch lärmende Masse. Wir sind verschieden, was das anbelangt. Als eher sensitiver Mensch empfinde ich es als einfacher, mich – mit dem sicheren Abstand einer Bühne – an eine große Gruppe zu wenden, die nehme ich als *ein* Wesen wahr, mit dem ich mich gut verbinden kann. Schwierig finde ich Kleingruppen mit drei bis fünf Teilnehmern, dann spüre ich Individuen und möchte mich mit jedem einzeln verbinden. Die Gefahr ist, dass ich mein Gegenüber so stark wahrnehme, dass ich meinen Faden verliere. Wer sich beim Vortrag vor wenigen Menschen wohler fühlt, ist vermutlich konzentrierter bei sich und seinem Inhalt und lässt sich weniger durch den Augenkontakt mit Einzelnen aus der Spur bringen.

7.2.4   Inklusivsprache – Vom Ich zum Wir

Eine häufige Ursache, wenn die Distanz zwischen Redner und Publikum bestehen bleibt, ist Beziehungssprache, die fortwährend die Dualität von *Ich* und *Du* manifestiert. Sie führt in Präsentationen, in denen ein Wissensvorsprung geteilt werden soll, oft zur paternalistischen Ich-Form.

* „Ich erkläre euch jetzt mal …"
* „Ich zeige Ihnen nun …"
* „Ich möchte, dass ihr versteht, dass …"
* „Ich will Ihnen näherbringen …"

Es ist zwar nicht so gemeint, aber das klingt arrogant und von oben herab. Es drückt aus: „Ich schlau, du dumm." – „Ich Experte, du Anfänger." – „Ich Chef, du nix."

Das kommt uns normal vor, denn wir sind so geprägt worden, dass Eltern und Lehrer uns die Welt erklären. Doch sprechen wir so auf der Bühne, degradieren wir alle Anwesenden zu Schülern. Die merken es nicht bewusst, aber spüren es und bleiben innerlich leicht in der Reaktanz: „Red du nur." – Was interessiert mich, was *Du* willst? „Sprich mal von dem, was *wir* wollen!"

Eine weitere unnötige Sprachbarriere kann Exklusivsprache sein: zu viele Fachbegriffe, Jargon, Abkürzungen. In homogener Expertenrunde kann es ein Gemeinschaftsgefühl herstellen. Man ist unter sich und hat einen eigenen Wortschatz. Bei gemischtem Publikum sollte ich bedenken, ob ich nicht gerade diejenigen ausschließe, die keine fachlichen Insider sind.

Wenn wir gemeinsam mit anderen etwas erreichen wollen, warum sagen wir nicht *wir* statt *ich?* Inklusivsprache stellt Augenhöhe her und bestätigt sie fortlaufend. Ich erhebe mich nicht über andere oder sondere mich ab, sondern ich beziehe mich immer mit ein. Meine Erkenntnisse gelten doch auch für mich, oder?

- „Wir betrachten heute …"
- „Lasst uns gemeinsam entdecken …"
- „Wir sollten verstehen …"
- „Wir werden sehen, dass …"

Und wenn wir zu Kunden sprechen? Schließlich ist man doch nicht in der gleichen Firma. Macht gar nichts. Würden wir diese Sätze in Inklusivsprache *lesen,* würden wir vielleicht stutzen. Warum „*wir"*? Aber gesprochen fühlt sich das stimmig an. In diesem Moment sind wir eine Gemeinschaft, die gemeinsam etwas betrachtet und erfährt. Die Rollenverteilung (ich spreche, ihr hört zu) müssen wir nicht ständig betonen. We're in it together.

Übrigens ist auch dieses Buch weitgehend in Inklusivsprache geschrieben. Lasst uns nicht immer *ich* sagen, bloß weil wir grad den Hut des Sprechenden aufhaben. Ja, ich weiß, bei Kritikgesprächen und Gewaltfreier Kommunikation ist es anders, da wollen wir Ich-Botschaften senden, aber da gibt es auch tatsächlich zwei Parteien. In der Präsentation kann es nicht unser Ziel sein, ständig daran zu erinnern, dass wir verschiedene Perspektiven haben, wir wollen ja gemeinsam was erreichen.

Beispiel

Eine Frau sagt zu ihrem Gatten: „Ich hab mir überlegt, was ich dir heute Gutes tun könnte. Wie wäre es damit? Ich koche dir dein Lieblingsessen. Ich lasse dir ein Bad ein. Und ich schaue mit dir Fußball." – Darauf er: „Ich höre immer nur ‚ich', ‚ich', ‚ich'!"

7.2.5   Verbindung halten

Damit der Draht zwischen uns den anderen nicht abreißt, gibt es kleine Kniffe, die helfen, die Verbindung immer wieder zu erneuern. Dazu gehören vor allem interaktive Elemente wie Fragen.

- **Vielfalt:** Offene Frage machen das Tor weit. Viele Antworten sind möglich.
- **Fokus:** Geschlossene Fragen spitzen zu und stellen schnell Einigkeit her.
- **Wahl:** Alternativfragen vereinfachen eine Entscheidung.
- **Mitdenken:** Rhetorische Fragen laden zur stillen Beteiligung ein.

Teils führen diese Möglichkeiten allerdings weg von der Präsentation hinein in die Diskussion, dazu später mehr. Ein einfaches Mittel, um im Vortrag Beteiligung und Rückmeldung zu bekommen, ist das Handzeichen.

„Hand hoch, wer hat schon mal was mit Ratenzahlung gekauft?" Wenn ich dabei selbst die Hand hebe, muss ich nicht einmal „Hand hoch" sagen, dann wissen auch so alle, was sie tun sollen, und ich bekomme sichtbare Rückmeldung.

7.2.6   Rhetorische Fragen

Eines der cleversten, weil vielseitigsten Stilmittel, um die Aufmerksamkeit zurückzugewinnen oder Verbindung und Relevanz herzustellen, ist die rhetorische Frage. Was macht rhetorische Fragen so wirkungsvoll? – Genau! – Die Pause.

Deswegen verpufft dieses Stilmittel bei vielen. Sie machen danach keine Pause. Erst durch die lange Spannungspause danach kann die rhetorische Frage ihre Wirkung entfalten. Die Zuhörer sollen tatsächlich anfangen, über die Frage nachzudenken. Die Zeit müssen wir ihnen geben. Stellen wir eine rhetorische Frage und beantworten sie sofort selbst, indem wir ohne Pause weiterreden, können wir uns die Frage sparen.

Die Sprechpause ist überhaupt einer der schnellsten Wege, um die eigene Wirkung als Redner in Meetings, Präsentationen usw. sofort signifikant zu erhöhen. Außer wir setzen Pausen bereits häufig ein. Dann dürfen wir darauf achten, dass wir es nicht übertreiben, sondern auch flüssige Passagen im Vortrag haben.

Dies gilt für alle rhetorischen Stilmittel. Sie sind Krücken, die uns helfen, auf die Beine zu kommen, und sollten nicht Selbstzweck werden. Sobald wir sicher auf eigenen Füßen stehen, brauchen wir sie nicht mehr. Rhetorik, schicke Folien, cleverer Aufbau – das ist alles sinnvoll und unterstützt unsere Botschaft. Doch wir müssen aufpassen, dass die Botschaft davon nicht übertönt wird. Das Wichtigste bleibt das, was wir zu sagen haben. Und die Verbindung zum Gegenüber als Grundvoraussetzung, damit das, was wir sagen, auch landen kann.

Eine der mächtigsten Brücken, um Verbindung herzustellen, ist die persönliche Geschichte. Wenn jemand begeisterter Segler ist, aber ein schlechter Redner, dann lass ihn mal auf der Bühne vom Segeln erzählen. Plötzlich leuchten die Augen und die ganze Person verändert sich. Dann tritt Rhetorik in den Hintergrund. Wenn wir lebendig von einem emotionalen Erlebnis erzählen, werden wir automatisch mitreißende Redner.

Zusammengefasst

- Mach dir das Publikum zum Freund und verbinde dich.
- Verbindung heißt: Kontakt, Dialog, Augenhöhe, Relevanz.
- Inklusivsprache bedeutet vom „Ich und Du" zum „Wir".
- Interaktivität hilft, die Verbindung zu halten.

7.3 Storytelling

Eine Befragung der Wertekommission (2018) ergab: Für die meisten Führungskräfte ist Vertrauen der wichtigste Wert, an dem sie ihre Führung ausrichten. Wie sollen andere uns vertrauen, wenn wir uns hinter einer professionellen Maske verstecken, wenn sie uns nicht *spüren?* Sich unverstellt und ehrlich zeigen macht uns nicht angreifbarer, sondern greifbarer. Ein erster Schritt dazu kann sein, etwas von sich zu erzählen.

Beispiel

1992 rief mich ein blinder Hörer meiner Radioshow an und fragte, ob er mal live im Studio dabei sein dürfte, wenn ich auf Sendung bin. Während die Musik lief, kamen wir ins Gespräch. „Weißt du, was mich am blind sein am meisten nervt?" – Nun, war ich gespannt. „Ich werde nie Motorrad fahren können." Das berührte mich, denn ich fahre gern Motorrad. Ich überlegte. Und kam zu dem Schluss, dass das Bedienen der Maschine nicht das Problem ist, sondern nur, dass er den Weg und etwaige Hindernisse nicht sehen kann. Aber was, wenn der Weg sehr breit ist und es keine Hindernisse gibt? Dann müsste er fahren können. Damals war gerade der Flughafen München von Riem an seinen heutigen Standort umgezogen und die alten Start- und Landebahnen waren frei zugänglich. Ich packte ihn nach der Sendung auf meinen Roller und wir fuhren nach Riem. Ich hielt auf dem Vorplatz vor den Terminals an, erklärte ihm kurz Gas, Kupplung und Bremse und ließ ihn mit meiner 200er Vespa loszuckeln. Ich fuhr hinten als Sozius mit und lieh ihm meine Augen. Die ersten Meter waren wackelig, dann fand er die Balance. Nach einer röhrenden Minute im ersten Gang ermutigte ich ihn: „Komm, schalt höher, wir haben freie Bahn!" Zweiter Gang, wir wurden etwas schneller, der Fahrtwind flog ihm ums Gesicht. Laut juchzend fuhr er in die komplette Dunkelheit. Ich feuerte ihn an. „Gib Gas, ich sag rechtzeitig Bescheid, wenn die Piste zu Ende ist!" Er schaltete in den dritten Gang und fuhr kurze Zeit 50 km/h, die sich für ihn, der sich sonst mit dem Blindenstock vorantastend bewegte, raketenhaft angefühlt haben müssen. Dann warnte ich, dass er demnächst bremsen sollte, wenn wir nicht in der Wiese landen wollten. Sein Gesicht glühte vor Aufregung, meines sicher auch. Für uns beide war es eine einmalige Erfahrung.

Erst viele Jahre später wurde mir bewusst, dass dieses Erlebnis meinen späteren Beruf als Trainer vorweg genommen hatte. Denn auch im Training gebe ich den Rahmen für intensive Erfahrungen und ermutige Teilnehmer, ihre Komfortzone zu verlassen. Sie tun Dinge, die sie so noch nie getan haben. Und der Coach passt auf, dass es keine Bruchlandung, sondern eine positive Erfahrung wird. Wenn mich jemand fragt, warum ich Kommunikationstrainer bin oder was mich im Job ausmacht, erzähle ich manchmal diese Geschichte. Warum? Es gibt Tausende Kommunikationstrainer in Deutschland. Alle bieten in etwa das Gleiche an. Ich weiß, dass meine Art, Menschen bei der Weiterentwicklung zu helfen, besonders ist – aber woher sollen Neukunden das wissen, wenn sie nicht eine Empfehlung bekommen haben? Sie können es durch Storytelling erfahren. Denn diese Geschichte hat nur einer. Sie ist einzigartig und macht mich einzigartig. Es ist eine gute Geschichte. Und – ganz wichtig – sie ist wahr.

7.3.1 Menschen lieben Geschichten

Die Höhlenmalereien von Lascaux gehören zu den ältesten erhaltenen Kunstwerken der Menschheit. Aber nur weil es in prähistorischer Zeit keine Audiorekorder gab. Ich bin sicher, sobald die Menschen Sprache hatten, saßen sie abends gemeinsam um das Feuer und erzählten sich Geschichten. Wahre und aktuelle Geschichten darüber, was heute los war (die frühesten Nachrichtensendungen der Welt). Und fiktive und tradierte Geschichten, Mythen mit wahrem Kern oder rein allegorisch. Jahrtausende lang funktionierte die Weitergabe von kulturellen Narrativen nur so: Sie wurden wieder und wieder erzählt. Und im Wortlaut an die nächste Generation weitergegeben. Es war wichtig, nichts zu verändern, denn es gab keine Niederschrift. Folgerichtig waren auch die Augen kein so wichtiges Sinnesorgan wie heute. Wichtiger war das Zuhören. Es galt nicht das geschriebene Wort, dem konnte man nicht trauen, denn Lesen konnte kaum einer. Die Augen sind leicht zu täuschen, der Schein trügt oft. Die Ohren belügen uns nicht. Blinde können oft sehr gut Menschen einschätzen, weil sie sich nicht vom Äußeren blenden lassen, sondern auf die Stimme hören. Begriffe wie Anhörung oder Audit sind Überbleibsel aus einer Zeit, in der nur galt, was gesagt und als gehört bezeugt war. Auch dass bei Gericht die Anklageschrift noch immer verlesen wird, selbst wenn sie 700 Seiten dick ist, kommt noch da her. Vor allem ist orale Tradition eine Sache der Gemeinschaft. Man konnte eine Geschichte nicht allein genießen, denn zum Erzählen gehören mindestens zwei. Erst nach der Erfindung des Buchdrucks durch Gutenberg Mitte des 15. Jahrhundert konnten sich Menschen mit Büchern ins stille Kämmerlein zurückziehen. Und auch nur die wenigen, die des Lesens mächtig waren.

Durch das Lesen und noch mehr durch die Möglichkeit, massenhaft Bilder zu verbreiten (Bücher, Plakate, Fernsehen, Internet) ist unsere Welt zunehmend stärker visuell geprägt. Doch kulturell kommen wir vom Hören her, das haben wir als Spezies sehr viel länger geübt als das scharf Hinsehen. Noch ein Unterschied: Schallwellen dringen immer in uns ein. Wir können die Augen verschließen, aber nicht die Ohren. Zumindest nicht so leicht. Wer hat sich auf Zugfahrten mit lauten Handytelefonaten nebenan nicht schon gewünscht, er könnte die Ohren so zuklappen wie die Augenlider?

7.3.2 Nutzen und Möglichkeiten des Storytelling

Geschichten erzählen ist als mutmaßlich älteste Kulturform tief in unseren Gehirnen verdrahtet. Das moderne Wort in der Kommunikationsbranche dafür ist Storytelling, aber es ist immer noch das gleiche Prinzip wie damals am steinzeitlichen Lagerfeuer (s. Abb. 7.2). Wir lieben Geschichten. Und wenn wir nicht gerade zu viel um die Ohren haben, hören wir auch gerne zu. Der Erfolg des Hörbuch-Sektors ist ein Beleg dafür.

Im Kontext von Präsentationen ist mit Storytelling gemeint: eine Geschichte einbauen. Um etwas zu illustrieren, um persönlich zu werden, betroffen zu machen oder einfach zur Auflockerung. Geschichten können alle Emotionen auslösen, die unser Gemüt zu empfinden in der Lage ist. Welche Inhalte können das sein? Grundsätzlich können wir drei Arten von Geschichten unterscheiden:

- Es ist uns selbst passiert.
- Es ist jemand anderem passiert.
- Es ist eine fiktive Geschichte.

Im Bereich fiktive Geschichte gibt es diverse Genres: Legende, Mythologie, literarisch, biblisch, Märchen, inspirational, Witz, Werbespot, Film, Sketch usw. Es gibt Sammlungen inspirierender Geschichten als Bücher, und auch im Internet wird man schnell fündig.

Jemand anderem passiert kann heißen, es war ein Freund, eine Kollegin, meine Mutter oder der Schwager eines Freundes meines Gemüsehändlers.

Abb. 7.2 Menschen lieben Geschichten. (Mit freundlicher Genehmigung von ©
Martin Cambeis 2018. All Rights Reserved)

Je weiter weg, desto mehr Hörensagen und desto schwieriger für uns, denn
dann fehlen uns Details, und wir müssen aufpassen, dass es nicht schlecht
erfunden klingt. Eine Sonderform sind historische Anekdoten. Etwas, das
anderen passiert ist, die schon lange tot sind, wie die Beispiele Paul Revere
und Ambrosi Lossenhammer. Der Fallstrick dabei: Sie sollten gut gelernt
und gut recherchiert sein. Es ist lästig und raubt uns Glaubwürdigkeit,
wenn ein belesener Schlaumeier dazwischenruft: „So war es gar nicht!"

Für ungeübte Geschichtenerzähler eignen sich am besten selbst erlebte
Begebenheiten, da müssen wir weniger nachdenken, wie war das noch
mal? Wir waren nicht nur dabei, sondern mittendrin. Nicht nur Zeuge,
sondern Protagonist. Wir müssen nicht ausformulieren, es reicht, wenn
wir wissen, wie wir einsteigen und wo wir hin wollen (Start und Landung). Dazwischen müssen wir nur in die eigene Erinnerung eintauchen
und den Moment mit unseren Zuhörern noch einmal durchleben. Wer
sehr starke Imagination hat oder ein äußerst bewegendes Erlebnis erzählt,
das ihn oder sie beim Erzählen wieder stark mitnimmt, gerät in Gefahr,
von den eigenen Emotionen so sehr mitgerissen zu werden, dass die Verbindung zu den Zuhörern verloren geht. Wer dagegen zu sehr mit bio-
grafischem Abstand erzählt, weil es schon lange her und mittlerweile see-
lisch verarbeitet ist, der bewegt niemanden, auch wenn es eigentlich ein
sehr intensiver Moment war. Idealerweise sind wir halb in der Geschichte,
halb im Hier und Jetzt bei unseren Zuhörern.

Storytelling muss übrigens nicht immer von einem hochemotionalen Moment erzählen. Es geht auch ein, zwei Etagen flacher. Was mir auf dem Weg hierher passiert ist …, neulich beim Einkaufen … im Zug … ein Gespräch …, eine Panne …, Ein Erfolg … Damals als wir mit dem Projekt in Verzug waren … Hauptsache, die Geschichte erfüllt in meiner Rede einen relevanten Zweck, d. h. es gab einen Lerneffekt oder sie verdeutlicht etwas. Entscheidend auch: Es sollte ein konkreter Moment sein. Was schlecht funktioniert: von einem längeren Zeitraum erzählen, weil dann kein konkretes Bild bei den Zuhörern entsteht. Das ist zu abstrakt. Außerdem wollen wir Emotionen transportieren. Was habe ich in dem Moment gedacht? Was ging mir durch den Kopf? Gefühle haben wir im Moment, nicht über drei Monate.

Was kann ich mit einer Geschichte transportieren?
- Thema: Die Geschichte kann zur These hinführen oder Relevanz aufzeigen.
- Botschaft: Die Geschichte verdeutlicht etwas als Beispiel.
- Aufforderung: Die Geschichte dient als Evidenz und Quellenangabe.
- Selbstoffenbarung: Die Geschichte verrät etwas über mich.

Denkbar ist auch eine Kombination aus mehreren oder allen Stoßrichtungen. Meine RTL-Geschichte führte zum Thema Verbindung hin und war ein Beispiel für meine Botschaft, dass Verbindung wichtig ist. Sie machte meine Aufforderung, das zu beherzigen (gain) hoffentlich glaubhaft, weil mein Rat auf eigener negativer Erfahrung basierte (pain). Und sie offenbart einiges über mich.

Und das ist einer der wertvollsten Aspekte von Storytelling. Ich kann anderen vermitteln, wer ich bin, verpackt als kleine Geschichte. Vor allem dann, wenn meine persönliche Anekdote einen meiner nicht so offensichtlichen Charakterzüge offenbart. Welche meiner Qualitäten wird meiner Ansicht nach von anderen nicht gesehen? Storytelling bietet die Chance, das Bild, das andere von mir haben, zu erweitern. Wenn im Bewerbungsgespräch die Frage nach den Stärken und Schwächen kommt, können wir uns Plattitüden wie ergebnisorientiert/ungeduldig sparen. – Welcher Moment in meinem Leben illustriert diese Stärke? Jeder kann sagen: Ich bin strukturiert, kreativ oder was auch immer. Die Geschichte dazu macht es glaubhaft und farbig.

Weitere Einsatzmöglichkeiten sind der Elevator Pitch oder das Marketing. Wenn wir ein Produkt oder eine Dienstleistung anbieten, die auch tausend andere anbieten, dann unterscheidet uns unter Umständen nur eines: unsere Geschichte. Der Autor Simon Sinek (2009) nennt das den Golden Circle. *Was* wir machen ist austauschbar. *Wie* wir es machen ist vielleicht ein bisschen spezifisch, aber in einer Massenbranche können wir vermutlich nicht das Rad komplett neu erfinden. Aber *warum* wir es machen, dazu gibt es vielleicht eine sehr persönliche Geschichte. Die haben wir exklusiv.

Beispiel

In der siebten Klasse hatte ich einen Geschichtslehrer mit einem starken Äh-Fehler. Geschichte war mein Lieblingsfach, aber ihm zuzuhören war eine Qual. Er brachte es fertig, ein „Äh" mitten in Wörter einzubauen. „Im Mittel..äh..alter ..." Eines Tages machte ich eine Strichliste, ich war einfach neugierig wie viele Ähs in einer Schulstunde zusammenkommen. Er sah meine Liste. „Was machst du da?" – „Ich zähle mit, wie oft Sie Äh sagen." Konsternierter Blick. „Äh". Zack, noch ein Strich. Damals wusste ich das nicht, aber das war Körpersprache-Coaching. Mittlerweile mache ich das beruflich und etwas einfühlsamer.

Diese Story liest sich länger, als sie erzählt ist. Gesprochen ist sie keine 30 s lang, Fahrstuhllänge. Wenn mich jemand fragt, warum ich mache, was ich mache, kann ich meinen verschlungenen Werdegang herunterbeten. Oder so etwas sagen wie: „Ich helfe Menschen, ihren Worten mehr Wirkung zu verleihen." – Viele Coaches sagen etwas Ähnliches, zum Beispiel „Menschen unterstützen bei Herausforderungen". Blabla. Die Geschichte ist origineller. Und wahr.

Wir sollten nie und auf keinen Fall erfundene Geschichten als selbst erlebt ausgeben. Das fällt uns schwer auf die Füße, wenn es auffliegt. Und nur wenige können so gekonnt und konsistent lügen, dass es nicht irgendwann auffliegt. Wir haben alle genug erlebt, wir müssen nichts erfinden oder uns mit fremden Federn schmücken. Die Geschichte muss nicht sensationell sein, wichtiger ist, was sie transportiert. Manchmal führen kleine Erlebnisse zu großen Einsichten.

7.3.3   Das eigene Leben als Ressource

Wie finde ich nun solche Geschichten? Wenn jemand uns auffordert: „Erzähl doch mal einen Schwank aus deinem Leben", dann fällt uns blöderweise nichts ein. Drei Wege führen zur Geschichte:

- Was ist mir passiert, das einen Bezug zum Thema hat? Assoziativ denken können wir alle. Wenn einer auf der Party von seinem Autounfall erzählt, erzählen alle reihum von ihren Unfällen. Jeder hat solche Geschichten.
- Was waren die berührendsten oder schwersten Momente meines Lebens? Das sind starke Geschichten. Weniger persönlich: Was waren Höhepunkte oder Tiefschläge in meinem Berufsleben? Auch das sind sicher erzählenswerte Geschichten.
- Wenn ich anderen eine Weisheit fürs Leben mitgeben dürfte, welche wäre das? Wie komme ich gerade darauf? Woher weiß ich das? Was ist mir passiert, das mich diese Lektion gelehrt hat?

Wenn ich anderen am Ende meiner Präsentation eine starke Handlungsaufforderung mitgeben möchte (neudeutsch „call to action"), dann ist Storytelling das Mittel der Wahl. Ohne Geschichte kann die Aufforderung schal wirken, wie aus einem Ratgeberbuch zitiert. Durch die Geschichte gewinnt die Aufforderung an Glaubwürdigkeit. Wir wissen, wovon wir sprechen.

Im Corporate Marketing kann Storytelling die verschiedenen Perspektiven der Zielgruppen einnehmen: aus Sicht des B2B-Kunden, aus Sicht dessen Endkunden oder aus Sicht dessen Chefs.

7.3.4   Aufbau einer guten Geschichte

Auch die kürzeste Geschichte braucht eine Dramaturgie, einen guten Aufbau. Wie im Kapitel Dramaturgie (s. Kap. 5), bereits erwähnt, hat im Prinzip jede Geschichte drei Akte:

- Exposition: Die Szene wird gesetzt, der Held eingeführt.

- Herausforderung: Etwas passiert, der Held gerät in Schwierigkeiten oder stößt auf Gegner.
- Wendung zum Guten: Der Held überwindet die Schwierigkeiten.

Das ist, wenn man so will, die Kurzfassung der Heldenreise (der Held kann natürlich auch eine Heldin sein). In der vollständigeren Variante trifft der Held einen Mentor (oder Gefährten) und gemeinsam entwickeln die beiden einen Plan für die Überwindung des Problems. So funktionieren die meisten Märchen oder Geschichten (z. B. Zauberflöte oder Herr der Ringe). Folgende Fragen können wir uns stellen, um eine Geschichte zu entwickeln:

1. Wer ist der Held? Bin ich das selbst? Das kann schnell nach Angeberei klingen. In meiner Geschichte mit dem Radiohörer war der Blinde der Held, ich der Mentor.
2. Was ist die Prüfung? Je größer die Schwierigkeiten, in die der Held gerät, desto größer die dramaturgische Fallhöhe. Dasselbe gilt für etwaige Bösewichte. Je fieser der Schurke, desto strahlender zuletzt der Held.
3. Gibt es einen Helfer? Wahrscheinlich, denn wenn das Problem ohne Unterstützung zu lösen gewesen wäre, wäre es ja keine spannende Herausforderung.
4. Was ist der Plan? Mit welcher überraschenden Strategie wurde das Hindernis überwunden?
5. Wie ging es aus? Bei einer positiven Geschichte (z. B. Erfolgserlebnis) ist das Happy End Teil des Geschehens. Es war erst schwierig, dann wurde alles gut. Bei einer traurigen Geschichte (jemand stirbt, eine schwere Krankheit) liegt das Happy End in der gewonnenen Erkenntnis.

Die Stimmungskurve – so wie die Rezipienten sie erleben – kennen wir aus unzähligen Hollywoodfilmen. Die Welt ist in Ordnung und wir lernen die Hauptfigur kennen. Dann passiert etwas Unvorhergesehenes und es folgt ein Absturz. Schließlich, nach einigen Hürden, die Wende zum Positiven (s. Abb. 7.3). Für Geschichten in Präsentationen müssen nicht immer alle fünf Stationen enthalten sein. Wenn ich davon erzähle,

Abb. 7.3 Stimmungskurve. (Mit freundlicher Genehmigung von © Martin Cambeis 2018. All Rights Reserved)

dass ich auf dem Weg hierher meinen Flug verpasst habe und es dann doch noch rechtzeitig zur Konferenz geschafft habe – dann gibt es in dieser kleinen Geschichte weder Mentor noch Plan, nur mich, meine Schwierigkeiten und mein Happy End.

Für den Einstieg gibt es zwei einfache Möglichkeiten, beide haben Vorteile:

- „Sie schrie wie am Spieß und überall war Blut." Mit dem Höhepunkt einsteigen – so machen es Werbespots oder Filme oft. Die Aufmerksamkeit ist sofort stark, die Neugier auch. Wer schrie? Was war passiert? Kontext kommt erst an zweiter Stelle. Wir steigen ein mit wörtlicher Rede, Gefühlen, starken Bildern.
- „Es war im Frühjahr 2006 frühmorgens, ein sonniger schöner Tag. Ich geh aus dem Haus und will ins Auto steigen, um in Büro zu fahren. Plötzlich kracht es ungeheuer laut. Ich konnte nichts sehen, aber dachte: Das muss in der Nähe sein. Plötzlich höre ich eine

Frauenstimme. Sie schrie wie am Spieß …" Bei dieser Variante erzählen wir chronologisch und liefern Details: Ort, Zeit, Wetter usw. Der harmlose Einstieg verrät noch nicht, was gleich passiert, aber irgendwas muss ja kommen. Auch das baut Spannung auf. Die dramatische Wende ist umso stärker, je sonniger das Bild vorher war. Kennen wir aus Filmen. Wenn in bestimmten Genres die Protagonisten den glücklichsten Moment erleben, ahnen wir Zuschauer: Gleich passiert etwas.

Während ich das schreibe, sitze ich in Ägypten in einem Hotel, das seine Gäste abends mit einer Tanzshow unterhält. Die erste Nummer hat es gleich in sich: sehr schnell, sehr akrobatisch. Großer Applaus. Mir fällt auf: Mit jeder weiteren Nummer wird der Applaus schwächer. Warum? Weil die Show keine Dramaturgie hat, keine Steigerung. Gleich in der ersten Nummer haben die Tänzer alles gezeigt, was sie können. Die weiteren Nummern waren nur Variationen desselben. Gute Künstler verschießen ihr Pulver nicht in der ersten Nummer. Der größte Hit kommt gegen Ende. Am Anfang reicht ein kurzer Höhepunkt als Teaser.

Wer Storytelling einmal erfolgreich eingesetzt hat, möchte es wieder tun. Damit wir nicht die gleiche Geschichte immer wieder erzählen, brauchen wir ein Repertoire. Das klingt künstlerisch, dabei müssen wir jedoch nichts kreieren. Sofern wir nicht die Geschichten anderer oder Fiktives nutzen, ist das eigene Leben die Ressource. Wir können eine Liste anlegen mit Momenten, Erlebnissen und Anekdoten, die sich gut eignen, in verschiedenen Situationen erzählt zu werden.

7.3.5   Abstraktes anschaulich machen

Eine dem Storytelling verwandte rhetorische Figur ist die *Analogie*. Sie hat nicht unbedingt eine Handlung oder einen Protagonisten – aber auch mit ihr lassen sich abstrakte oder komplexe Zusammenhänge gut illustrieren und vereinfachen. Manchmal wird die Analogie mit dem Vergleich verwechselt. Werfen wir einen Blick auf die Gemeinsamkeiten und Unterschiede.

Beginnen wir mit *Vergleichen:*

- Das Deck eines Frachters ist so groß wie fünf Fußballfelder.
- Sie ist blind wie ein Maulwurf.
- Die Komponenten wiegen zusammen weniger als eine Walnuss.

Hier werden verschiedene Dinge miteinander in Beziehung gesetzt – aber immer innerhalb einer *Kategorie* (z. B. Größe, Sehschärfe, Gewicht usw.).

Dann gibt es noch die *Metapher* – hier findet keine vergleichende Gegenüberstellung statt. Die *Qualität* von etwas wird beispielhaft beschrieben, indem ein Wort aus einem anderen Bedeutungszusammenhang benutzt wird.

- Sein Glaube ist felsenfest.
- Sie hat einen hellen Verstand.
- Er hat ein Herz aus Stahl.

Bei der *Analogie* wird ein abstrakter mit einem konkreten und vertrauten Sachverhalt verglichen, und zwar auf der Ebene der Merkmale, Eigenschaften oder Verhältnisse. Eine simple Analogie kann einer Metapher ähnlich sein, z. B.

- Menschen sind wie Mineralwasser. Manche sind prickelnd, andere still.

Umfassendere Analogien vergleichen *Funktionen* miteinander. Eine Sache oder ein Prozess *funktioniert* ähnlich (analog) einem anderen. Außer diesen Merkmalen haben die zwei Bereiche idealerweise nichts miteinander zu tun. Etwas Technisches mit etwas anderem Technischen erklären geht, aber ist für das Gehirn weniger reizvoll. Gute Analogien verbinden zwei weit entfernte Welten miteinander. Geeignete Erklärfelder sind Autofahren, Kochen, Natur, Sport, Hausbau, Einkaufen – kurz: alles, was uns vertraut und anschaulich ist.

- Nokia war ein Dinosaurier. Eine Zeit lang Alleinherrscher – und plötzlich ausgestorben.

- Unsere Psyche ist wie ein Eisberg. Nur die Spitze ragt aus dem Wasser, das, was uns wirklich bewegt, ist für die anderen unsichtbar.
- Präsentieren ist wie Kochen. Je öfter man es tut, desto besser wird man. Anfangs braucht man Kochbücher und muss sich auf die richtigen Zutaten konzentrieren. Irgendwann kann man improvisieren und auch aus wenigen Inhalten etwas zaubern, das gut ankommt.
- Eine gute Führungskraft ist wie ein Gärtner, der im Samen schon die ausgewachsene Pflanze sieht. Sie erkennt die Potenziale in ihrem Team. Und so, wie der Gärtner weiß, welche Pflanze in der Sonne und welche eher im Schatten gedeiht, weiß eine gute Führungskraft, welche Zuwendung Mitarbeiter anspornt, über sich hinauszuwachsen. Der Gärtner freut sich über einen bunten Garten. Auch gute Führungskräfte schätzen Diversität und stellen nicht nur Klone ihrer selbst ein. Und so, wie der Gärtner jeder Pflanze optimales Wachstum ermöglicht, so hat auch ein guter Manager kein Problem damit, von Untergebenen überflügelt zu werden. Denn wer sich den Ruf erwirbt, Mitarbeiter zu entwickeln, für dessen Team bewerben sich bald die größten Talente (s. Abb. 7.4).

Je mehr Merkmale ich vergleichen kann, desto tiefer und reichhaltiger wird die Analogie. Im Extremfall kann eine komplette Präsentation (z. B. ein Agenturpitch) in der Terminologie einer einzigen Analogie bleiben.

- Orchester ≈ Projekt-Team
- Musiker ≈ Teammitglieder
- Dirigent/in ≈ Projektleiter/in
- Solisten ≈ Einzelkämpfer
- Instrumentengruppe ≈ Subteams/Gewerke
- Partitur ≈ Projektplan
- Harmonie ≈ gute Teamatmosphäre
- Takt ≈ Synchronisation verschiedener Projektschritte
- Kammerton ≈ gemeinsame Verständigungsgrundlage
- Sätze der Sinfonie ≈ Meilensteine des Projekts
- Zusammenspiel ≈ Ineinandergreifen der Einzelleistungen

Abb. 7.4 Gärtner-Analogie. (Mit freundlicher Genehmigung von © Martin Cambeis 2018. All Rights Reserved)

Solche Analogien lassen sich fast unendlich ausweiten bzw. immer weitere Einzelaspekte *in* die Analogie integrieren.

Selbst Fachleute, die die Vereinfachung nicht brauchen, hören ihre Themen gerne in gute Analogien verpackt – aus dem gleichen Grund, warum wir auch gerne Geschichten hören und sie uns merken können: Es entstehen Bilder im Kopf. Kopfkino ist plastisch, unterhaltsam und bleibt haften.

> Die Kombination aus Bildern und Emotionen ist für unser Gehirn unwiderstehlich.

Viele Eltern wünschen sich, ihre Kinder könnten sich die Lateinvokabeln so gut merken wie die neuesten Entwicklungen in ihrer Lieblingsserie. Manche können ganze Dialoge aus Titanic auswendig, aber haben bei Matheformeln Mühe mit dem Merken. Den Formeln fehlt das, was Hirne süchtig und Geschichten so merkwürdig im Sinne des Wortes macht: Bilder und Gefühle. Die prägen sich ein, die können und wollen wir uns merken.

Wir haben ausführlich erörtert, warum es wertvoll sein kann, beim Sprechen Gefühle zu zeigen. Doch es gibt auf der Bühne auch Situationen, in denen sichtbare, emotionale Reaktionen das letzte sind, was wir brauchen. Und zwar dann, wenn wir durch kritische Fragen unter Druck geraten.

Zusammengefasst

* Geschichten gewinnen Aufmerksamkeit und bleiben haften.
* Storytelling ermöglicht Selbstoffenbarung.
* Eine passende Geschichte ist der Beweis für die Behauptung.
* Analogien machen Abstraktes anschaulich.
* Bilder und Emotionen prägen sich am stärksten ein.

7.4   Noch Fragen?

7.4.1   Vorteile und Risiken von Fragerunden

Fragen und Antworten (international Q&A) sind ein gängiges Format am Ende einer Präsentation. Die Vorteile liegen auf der Hand: Wir bekommen Live-Feedback zu unserem Vortrag und erfahren, ob alles verstanden wurde, ob Fragen offen blieben, welche Aspekte wir beim nächsten Mal berücksichtigen können und generell, wie das Publikum unsere Worte aufgenommen hat. Wir stehen zur Verfügung. Besonders die Möglichkeit, bestimmte Punkte nachzuschärfen ist wertvoll, denn wir können das Verständnis der Zuhörer nicht immer zutreffend antizipieren. Und manchmal haben wir schlicht Details vergessen oder etwas schwammig erklärt und sind froh über die Gelegenheit, das auszubügeln zu können, indem wir Beispiele nachliefern oder Dinge noch einmal besser auf den Punkt bringen.

Doch wie alle Medaillen hat auch die Fragerunde zwei Seiten. Einige der Risiken dabei:

- Wir wissen auf eine Frage keine Antwort.
- Wir antworten schwach oder reden uns um Kopf und Kragen.
- Wir werden emotional weil wir uns angegriffen fühlen.
- Statt eine Frage zu stellen hebt jemand zu einem Kurzvortrag an.
- Es kommen zu viele Fragen und wir müssen abbrechen.
- Oder am schlimmsten: Es kommen gar keine Fragen.

Was bedeutet es, wenn keiner eine Frage stellt? Waren unsere Ausführungen so umfassend und glasklar, dass keiner nachfragen muss? Oder so miserabel, dass keiner auch nur genug verstanden hat, um eine sinnvolle Frage stellen zu können? Traut sich keiner aus der Deckung, weil gewisse Führungskräfte im Raum sind? Oder will sich keiner mit einer vermeintlich blöden Frage blamieren? Sind alle zu nur erschöpft für Q&A und wollen einfach in die Kaffeepause? – Das ist das Problem: Wir haben keine Ahnung, was es bedeutet, wenn keine Frage kommt. Uns entgeht der wichtigste Vorteil einer Fragesession: das Feedback.

> Können Sie mir sagen wie spät es ist? – Ja.

7.4.2   Fragerunden souverän moderieren

Zunächst sollten wir schon zu Beginn der Präsentation darauf hinweisen, dass im Anschluss eine Fragerunde geplant ist. So können Zuhörer schon während des Vortrags darüber nachdenken, was sie gerne fragen möchten. Wir können auch ein Zeitfenster angeben, damit alle wissen: Ewig Zeit ist dafür nicht. Wer Fragen hat, sollte also die Gelegenheit nutzen. Läuft die Zeit ab, beenden wir mit Blick auf die Uhr. Keiner kann murren. War so verabredet.

Wie beginnen die meisten Fragerunden? Der Präsentator sagt etwas wie: „Gibt es dazu noch Fragen?" – Das ist ein Eigentor, denn es ist eine geschlossene Frage, die man nur mit „Ja" oder „Nein" beantworten kann.

Wir erhöhen also das Risiko, dass die Anwesenden denken: *Noch Fragen? Nö.* Diese Möglichkeit sollten wir gar nicht erst eröffnen. Der Profi-Trick: Wir wandeln die geschlossene Frage in eine offene Frage um: „Wer hat die erste Frage?"

Damit strahlen wir die Zuversicht aus, dass auf jeden Fall Fragen kommen werden, es geht nur noch darum, wer den Anfang macht. Dazu bringen wir die Hände in die Stellung der Aufforderung: Handflächen nach oben, zum Publikum zeigend. Damit signalisieren wir: Der Ball liegt bei euch, ihr seid dran. Achtung, Pause aushalten. Menschen mögen zu lange Stille nicht. Irgendjemand wird diese Stille füllen mit einer ersten Frage. Wir rufen die Person auf und erteilen ihr mit einer Geste das Rederecht. Das ist wichtig, damit allen klar ist, wir steuern. Redet einfach jeder, wenn er will, läuft das Ganze schnell aus dem Ruder.

Während der Frage wollen wir aufmerksam zuhören. Das sollten wir auch zeigen, durch nonverbale Signale wie Blickkontakt, zustimmendes oder verständnisvolles Nicken, den Kopf schräg legen (der geneigte Zuhörer) oder auch Laute wie „Ja, hmh". Besonders die Person, die sich als erstes traut, ist schnell verunsichert, wenn wir sie wie versteinert oder gar nicht anblicken. Der beste Einstieg zu einer Antwort ist übrigens: „Danke!" Auch wenn wir die Person für diese fiese Frage gerne vierteilen lassen würden, wir bleiben souverän und zeigen es nicht.

7.4.3   Gute Frage – nächste Frage

Jede Frage ist willkommen und alle sind gleichwertig. Zumindest nach außen. Daher sollten wir Fragen nicht werten, auch nicht positiv. „Gute Frage!" verrät, dass es Fragen gibt, die wir lieber hören als andere. Und wo es Licht gibt, muss es auch Schatten geben. Die Person, deren Frage ich *nicht* gelobt habe, ist subtil demotiviert, weitere Fragen zu stellen. Weniger verfänglich sind relative Bewertungen. „Hm, interessante Frage." Oder „Überraschende Frage!" So was geht.

In einem großen Auditorium empfiehlt es sich, alle Fragen zu wiederholen, bevor wir antworten. Gibt es für das Publikum keine Mikrofone, haben nicht alle im Saal die Frage akustisch verstanden. Zugleich klärt das Wiederholen, ob wir die Frage auch richtig verstanden haben. Fast nichts ist peinlicher, als die falsche Frage zu beantworten und alle außer uns selbst merken es. Das ist George Bush senior im Wahlkampf in einem Townhall Meeting passiert und dürfte mit eine Rolle gespielt haben, dass er gegen Bill Clinton verlor. Sind wir nicht sicher, ob wir die Frage richtig verstanden haben, lieber nachfragen. Und wir gewinnen durch die Wiederholung etwas Zeit zum Nachdenken.

Kommt dennoch keine Frage und die Stille fängt langsam an, wirklich peinlich zu werden, können wir sagen: „Eine häufig gestellte Frage zu diesem Thema ist …" – Aus dem Horror der peinlichen Stille, weil keiner fragt, wird eine Steilvorlage für uns. Wir stellen uns einfach unsere Lieblingsfrage, auf die wir selbstverständlich eine Spitzenantwort vorbereitet haben.

Am Ende der Fragerunde sollten wir noch mal unseren Schluss-Satz wiederholen oder uns sogar einen alternativen zweiten Schluss ausdenken. Warum? Es gibt Fragen, da denken wir innerlich: Das ist jetzt nicht dein Ernst! Wenn die letzte Frage in der Q&A-Session eine wirklich doofe oder unspannende Frage zu einem wenig prickelnden Detail war, dann soll die Antwort darauf nicht das Letzte sein, was die Zuhörer mitnehmen. *Wir* bestimmen den abschließenden Eindruck, nicht der letzte Frager.

> Behalte die Kontrolle und die Fragerunde wird gut laufen. Wer hat dazu noch eine Frage?

7.4.4 Schwierige Fälle

Die beste Grundhaltung ist: nicht Soldat (verteidigen oder zurückschießen), sondern Forscher sein, also herausfinden, was dahinter steckt, und nichts persönlich nehmen.

Was mache ich, wenn ich keine Antwort weiß?
Das kommt darauf an. *Sollte* ich es wissen? Oder ist es legitim, nicht jedes Detail auswendig parat zu haben? Hier ein paar mögliche Antworten, die im Zweifelsfall besser klingen als *„keine Ahnung."*

- „Ich freue mich, dass Sie das so genau wissen wollen. Können wir das nachher klären? Dann haben wir jetzt noch mehr Zeit für andere Fragen."
- „Dazu muss ich mich erst schlaumachen. Ich werde auf Sie zukommen."
- „Um das zu beantworten, müsste ich weit ausholen. Wäre es für Sie in Ordnung, wenn wir das nachher besprechen?" (Wir hoffen, dass der Kerl uns in der Kaffeepause nicht findet.)
- „Bevor ich Ihnen was Falsches sage, lassen Sie mich das bitte noch mal recherchieren. Mir ist wichtig, Ihnen hier die korrekte Auskunft zu geben."

Was mache ich, wenn ich die Frage nicht verstehe, z. B. wegen eines starken Akzents?

- **Option 1:** Ich bitte darum, die Frage zu wiederholen, sage aber natürlich nicht „Meine Güte, nuscheln Sie!" Ich sage z. B.: „Verzeihung, ich habe die Frage *akustisch* nicht verstanden. Könnten Sie sie noch einmal *laut und deutlich* wiederholen?" Ich schiebe es auf die Raumakustik und gebe einen indirekten Wink, dass bessere Aussprache helfen könnte.
- **Option 2:** Falls ich auch die Wiederholung der Frage nicht verstehe, bitte ich um Hilfe. „Verzeihung, die Frage war von hier aus nicht zu verstehen. Kann jemand für mich die Frage wiederholen?" – Vielleicht habe ich Glück und jemand anderes konnte es verstehen.
- **Option 3:** >Sie können um Wiederholung im Telegrammstil bitten. „Was ist das *Stichwort,* um das es geht?" (*Ein Wort* ist hoffentlich verständlich.)
- **Option 4:** Dies ist eine nicht ganz ernst gemeinte Spaßvariante. Ist Ihr Lieblingsfeind im Raum? Dann ist das ist Ihre große Chance: „Danke, das ist eine sehr interessante Frage. Unser Spezialist hierfür ist Herr Dr. Schwurbel. Ich bin sicher, er kann dazu etwas sagen!"

Was mache ich, wenn jemand eine ewig lange, verschlungene Frage stellt?

- **Höflich:** „Wenn ich Sie richtig verstanden habe, zielt Ihre Frage darauf ab …"

- **Priorisierung fordern:** „Mir scheint, das waren mehrere Fragen. Welche soll ich beantworten?"
- **Harte Variante:** „Vielen Dank, und was ist jetzt Ihre Frage in einem Satz?"
- **Coole Variante:** Sie beantworten nur, wozu Sie Lust haben. Wer fünf Fragen in einer stellt, ist selbst schuld, dann picken Sie sich das raus, worauf Sie antworten möchten.

Jemand stellt keine Frage, sondern hebt zu einem Referat an. Wie bremse ich den ein?
- **Diplomatisch:** „Ich freue mich, dass mein Vortrag Sie zum Nachdenken angeregt hat. Wir haben leider nur begrenzte Zeit für Q&A. Damit auch andere die Chance haben, ihre Frage zu stellen, wäre ich Ihnen dankbar, wenn Sie sich jeweils kurz fassen."
- **Wertschätzend:** „Ich sehe, hier ist eine Menge Fachwissen im Raum. Haben Sie noch eine konkrete Frage?"

Wie reagiere ich, wenn meine Daten in Zweifel gezogen werden?
- „In diese Präsentation sind die neuesten Zahlen eingeflossen. Vielleicht haben Sie neuere Daten. Das kann ich im Moment nicht nachprüfen. Ich sehe mir das im Nachgang gerne an."

> **Profi-Tipp: Einer fragt – allen antworten**
>
> Auch wenn die Frage von einer bestimmten Person kommt, sollten wir unterstellen, dass die Frage (und unsere Antwort) für alle relevant ist. Daher zunächst die Person adressieren, die gefragt hat, dann aber zu allen sprechen. Das hilft auch, wenn mir die Frage nicht passt. Dann bleibt mein Blick nicht am Herausforderer kleben und es schaukelt sich nicht zu einem Duell hoch.

Was mache ich, wenn meine Aussagen stark kritisiert werden?
Die beste Haltung: Jeder darf anderer Meinung sein oder andere Fakten kennen, alles okay. Das nimmt Druck raus. Das Grundmuster einer souveränen Antwort ist agree to disagree: Wertschätzung – Puffer – Position.

- **Beispiel 1:** „Ich sehe, Sie haben zu diesem Thema eine starke Meinung, das imponiert mir. Mir scheint, wir betrachten das von verschiedenen Perspektiven aus und kommen deshalb zu ganz unterschiedlichen Schlussfolgerungen. Mir ist wichtig, dass …"
- **Beispiel 2:** „Vielen Dank für die Offenheit. Sie sehen das anders und das ist Ihr gutes Recht. Einstein sagte dazu …" Wertschätzung – Puffer – und zuletzt ein Zitat einer nicht anwesenden Koryphäe, und schon sind wir aus der Schusslinie, denn wer will schon Einstein widersprechen?

Wie sollte ich mich verhalten, wenn ich persönlich angegriffen werde, offen oder subtil?

Das ist die Königsdisziplin auf dem heißen Stuhl. Es gibt mehrere Optionen. Aber nur wenn ich in der Lage bin, auch zu entscheiden. Wir sollten die Wahl haben. Lasse ich die Verbalattacke ins Leere laufen (s. Abb. 7.5)? Meistens die klügere Entscheidung. Ich erwerbe den Ruf eines souveränen *und* diplomatischen Menschen. Oder reagiere ich impulsiv und schieße zurück, dann antworte ich defensiv oder aggressiv. In diesem Fall ist die Wahrscheinlichkeit hoch, dass ich hinterher Ton oder Wortwahl bereue. „Ich hätte sagen sollen …". Das kennen wir alle. Schlagfertigkeit ist das, was uns erst 24 h später einfällt. Wir müssen also ein wenig Zeit zum Nachdenken gewinnen. Eine Zehntelsekunde mehr reicht, um das

Angriff parieren   Angriff ins Leere laufen lassen

Abb. 7.5 Wir haben die Wahl. (Mit freundlicher Genehmigung von © Martin Cambeis 2018. All Rights Reserved)

Großhirn wieder zu aktivieren, bevor das Kleinhirn etwas Unreflektiertes rausballert.

Wörtlich wiederholen sollten wir die Antwort allerdings nicht. Wenn ich im Dementi den Vorwurf wiederhole, habe ich ihn indirekt bestätigt. Die empörte Entgegnung: „Ich bin doch kein Lügner!" würde uns nicht reinwaschen. Als Nixon nach dem Watergate-Skandal in Kameras sagte: „I'm not a crook!" (ich bin kein Gauner) hatte er selbst sein Label gesetzt. Wenn wir mit Schmutz beworfen werden, dürfen wir den Schmutz nicht aufgreifen, nicht mal anfassen. Es bleibt immer was hängen.

Wir müssen paraphrasieren, d. h. umformulieren und dabei von der persönlichen wieder auf die Sachebene gehen. Meist geht das gut mit Überbegriffen, unter die der Ansatzpunkt der Attacke fällt. Den Lügenvorwurf könnten wir so entgiften: „Hier geht es um die Glaubwürdigkeit getroffener Aussagen." Weitere Beispiele:

* „Sind Sie doch noch grün hinter den Ohren!?" – „Danke, Ihre Frage zielt auf Lebenserfahrung/Qualifikation/Projekterfahrung …"
* „Das klappt bei Ihnen doch sowieso alles nicht!" – „Mir scheint, Sie sprechen das Thema Qualität/Termintreue/Zuverlässigkeit an …"
* „Und was bringt das für einen Mehrwert?" – „Hm. Was genau verstehen Sie unter Mehrwert?"

Ist der Angriff sehr pauschal („alles Quatsch!"), haben wir es am einfachsten. Denn dann müssen wir den Ball nur zurückspielen und fragen, was genau gemeint ist. Jetzt muss der Störer entweder konkret werden, worauf wir auch konkret antworten können. Oder er schweigt und steht nun selbst blamiert da.

Ist der Angriff sehr massiv oder kommt überraschend brauchen wir u. U. einen Moment, um uns zu sammeln. Sofort zu parieren, lässt uns möglicherweise *zu* selbstbewusst wirken und den Eindruck erwecken, als würde alles an uns abprallen. Es ist stimmiger und fällt uns leichter, die Überraschung kurz zu ventilieren.

* „Da sprechen Sie einen wunden/wichtigen Punkt an …"
* „Hm, was Sie da sagen, macht mich betroffen/nachdenklich …"
* „Ich muss gestehen, ich hatte nicht mit so einer Reaktion gerechnet …"

Zugleich können wir im Hinterkopf überlegen: Was ist mein Beziehungsziel? Nehme ich den Fehdehandschuh auf, ohne Rücksicht auf Verluste?

- „Die Tatsache, dass Ihnen an der Stelle nur ein persönlicher Angriff einfällt, zeigt, dass Ihnen die Sachargumente ausgehen." – Für den Moment ist der Angreifer mundtot – aber ich habe mir einen Feind fürs Leben gemacht.

Oder will bzw. muss ich mit dieser Person noch weiterhin gedeihlich auskommen? Dann werde ich nicht zurückschlagen, sondern wie bei asiatischen Kampfkünsten den Schlag ins Leere laufen lassen oder auf die Sachebene umleiten.

- „Ich merke, da stecken Emotionen drin, und ich habe dafür großes Verständnis. Mein Vorschlag ist: Lassen Sie uns sachlich miteinander im Dialog bleiben."

Das ist nach einem empathischen Einstieg ein subtiles Bloßstellen. Das Signal geht vor allem an die restlichen Zuhörer: Mich bringt so einer nicht aus der Ruhe.

Weitere Beispiele für Puffer-Sätze, um Verständnis zu signalisieren, sind:

- „Vielen Dank für die Offenheit, das anzusprechen. Es ist mir ein Herzensanliegen …"
- „Das ist ein wichtiger Aspekt, den Sie da ansprechen, vielen Dank. Das treibt mich auch um …"
- „Ich kann absolut nachvollziehen, dass …"

Für sich genommen stünden solche Sätze massiv unter Floskelverdacht. Damit sie wirken, müssen wir in der zweiten Satzhälfte spezifisch formulieren und zeigen, dass wir tatsächlich zugehört haben und das Anliegen des Gegenübers verstanden haben und ernst nehmen.

- „Ich kann absolut verstehen, dass Sie genau wissen wollen, ob dieser Vorschlag auch seriös durchgerechnet ist (resp. diese Person/diese Lösung die richtige ist usw.). An Ihrer Stelle würde ich auch genau nachfragen. Wo genau haben Sie noch Bauchschmerzen?"

Nicht immer ist ein Angriff so persönlich gemeint, wie er sich für uns anfühlt. Vielleicht hat die Person echte Bedenken und drückt sich im Eifer des Gefechts nur ungeschickt aus, weil sie nicht zwischen Botschaft und Botschafter trennt? Wir sollten genau hinhören und die nonverbalen Signale lesen, um zu erspüren: Was steckt dahinter? Im Zweifel hilft höflich nachfragen: Worum geht es Ihnen?

Nach dem Paraphrasieren sollte ich eine Brücke zu einer positiven Aussage schlagen, damit kein übler Nachgeschmack bleibt. Wenn an der Kritik etwas dran ist, weil Fehler passiert sind, dann hilft kein Drumherumreden, wir sollten es offen einräumen. Zugleich wollen wir nicht im mea culpa stecken bleiben. Das gelingt mit der Struktur Past – Present – Future:

- „Das stimmt, wir haben in der Vergangenheit Fehler bei XY gemacht. Wir arbeiten im Moment an Z um sicherzustellen, dass künftig alles reibungslos läuft."

Oder wir haben eine generische Aussage, die wir immer an den Schluss hängen können:

- „… egal, welche Herausforderungen, die menschliche Ebene spielt immer eine große Rolle und als Führungskraft mit zwölf Jahren Projekterfahrung stehe ich dafür, nach Lösungen zu suchen, mit denen alle Beteiligten gut leben können."

Damit diese Aussage nicht nach Politikergewäsch klingt, bauen wir eine belegbare Tatsache ein, dann hat die Aussage Hand und Fuß. Wer öfter unter Beschuss gerät, legt sich besser einige solcher faktenbasierter Sicherheits-Statements zurecht. Sie garantieren immer einen positiven

Abschluss. Happy Exit. Von meiner kanadischen Kollegin Rita Smith, die viele Politiker gecoacht hat, habe ich den wunderbaren Merksatz:

> People don't care what you *know*. They want to know that you *care*.

Im Kreuzverhör kritischer Mitarbeiter, Kollegen, Kunden oder Vorgesetzter eine gute Figur zu machen ist eine Frage der Souveränität, die wiederum viel mit Erfahrung zu tun hat. Manche sind schon in jungen Jahren selbstbewusst und lassen sich nicht die Butter vom Brot nehmen. Andere entwickeln erst mit den Jahren und wachsender Kompetenz die innere Gelassenheit, in Drucksituationen stabil zu bleiben. Älter werden hat auch was Gutes, denn Seniorität hilft ohne Zweifel. Auf diesem Feld spielt die Zeit für uns.

Eine Fragerunde ist angenehmer für uns, wenn wir uns voll und ganz auf gute Antworten konzentrieren können, weil ein Moderator sie leitet. Es sei denn, der Moderator macht einen schlechten Job. Dann machen wir das vielleicht lieber selbst.

Zusammengefasst
- Fragerunden sind wertvolles Live-Feedback.
- Wir müssen nicht alles sofort beantworten.
- Auf vermeintliche Angriffe sollten wir verständnisvoll reagieren.
- Hinter fiesen Fragen stecken oft echte Bedenken.

Literatur

Sinek S (2009) Start with why. Penguin Random House, New York
Wertekommission (2018) Führungskräftebefragung 2018. https://wertekommission.de/medien/fuehrungskraeftebefragung-2018. Zugegriffen am 13.08.2020

8

Moderation

Zusammenfassung Eine Sonderrolle auf der Bühne ist die Moderation. Das folgende Kapitel gibt eine Übersicht, welche Aufgaben der Moderation auf einer Konferenz oder Tagung zukommen und welche Kompetenzen dazu erforderlich sind. Wir lernen die Tricks kennen, wie wir souverän Programmpunkte ankündigen, Überleitungen schaffen oder souverän auf Unvorhergesehenes reagieren können. Einen großen Teil nimmt das Moderieren von Podiumsrunden ein: Wie halten wir ein Bühnengespräch in Gang und wie gehen wir mit Störern um? Abschließend folgen Tipps zum äußeren Erscheinungsbild, eine Kompetenzen-Checkliste, die helfen kann, geeignete Moderatoren zu identifizieren, sowie Anregungen für die Durchführung eines Webinars.

„Ein externer Moderator kommt nicht infrage!" – Dieses entschlossene Statement der Projektleitern eines Pharmakonzerns überraschte mich nicht. Viele Firmen haben mit selbst ernannten Bühnenprofis schon schlechte Erfahrungen gemacht, und auch ich habe schon miterlebt, wie gut geplante Events durch peinliche Moderatoren versaut wurden.

© Springer Fachmedien Wiesbaden GmbH, ein Teil von Springer Nature 2021 **159**
D. U. Schott, *Souverän präsentieren – Die erste Botschaft bist Du*,
https://doi.org/10.1007/978-3-658-30660-1_8

Als die Agentur bei einem Vorgespräch zu einer großen Sales-Konferenz also vorschlug, dass ich nicht nur die Redner des Events coachen, sondern auch die Moderation übernehmen könnte, gab es erst mal große Skepsis.

„Die Moderation übernimmt unser Marketingleiter, der kann das!" – Auch diesen oder einen ähnlichen Satz habe ich öfters gehört. Es mag sein, dass der Marketingleiter tatsächlich ein sehr guter Bühnenkommunikator ist. Ob das Publikum ihn auch einen Abend lang erleben möchte und er der Richtige für den Anlass ist, steht auf einem anderen Blatt. Auf einer internen Veranstaltung kann es stimmig und wertvoll sein, wenn jemand aus dem Management starke Präsenz zeigt. Zugleich sprechen viele gute Gründe für den Einsatz eines externen Moderators bzw. einer Moderatorin bei Corporate Events oder fachbezogenen Veranstaltungen.

- Eine gute Moderation gibt der ganzen Veranstaltung einen professionellen Rahmen, selbst wenn einzelne Programm-Beiträge nicht auf höchstem Niveau sind.
- Ein erfahrener Bühnenprofi kann auch mit ungeplanten Situationen souverän umgehen und Pannen und Peinlichkeiten auffangen.
- Jemand von außen ist nicht in die Firmenpolitik verstrickt und kann glaubhaft neutral auftreten.
- Der/die Externe hat an diesem Tag oder Abend nur diese Aufgabe und ist voll darauf konzentriert.

Wenn nämlich jemand aus der Firma die Moderation übernimmt, hat diese Person bei der Veranstaltung mindestens zwei Hüte auf. Das ist, als würde das Geburtstagskind sich auf seiner Party auch um Essen und Getränke kümmern müssen. Das sollten Freunde oder Caterer besorgen. Denn sonst kommt man kaum dazu, sich mit seinen Gästen zu unterhalten. Auch die oben genannte Projektleiterin realisierte bald, dass sie als Organisatorin und eine der Hauptrednerinnen der Sales-Konferenz schon genug Verantwortung für das Gelingen der Veranstaltung trug. Für eine lockere Moderation hätte sie kaum den Kopf frei gehabt. Sie war hinterher sehr dankbar, dass sie diese Aufgabe an einen Profi abgegeben hatte.

8.1 Was ist eigentlich Moderation?

Das Wort moderieren kommt aus dem Lateinischen. *Moderare* heißt mäßigen, steuern, lenken. Ein Moderator ist also eine Person, die in der Kommunikation eine Vermittlerrolle übernimmt, ein Gespräch oder einen Programmablauf steuert und dabei mäßigend, also ausgleichend wirkt. Moderation gibt Orientierung, gestaltet Übergänge, verbindet Publikum und Programm, gibt Impulse, lenkt die Stimmung, zeigt Präsenz und nimmt sich im richtigen Moment wieder zurück, um anderen Akteuren Raum zu geben. Moderation kommt in folgenden Kontexten vor:

- Journalismus (Hörfunk/Fernsehen)
- Internet (Onlineforen, Webinare u. ä.)
- Veranstaltungen (Messen, Kongresse, Firmenevents, Politik, Unterhaltung)
- Gruppenarbeit (Workshops, Organisationsentwicklung, Teambuilding)
- Konfliktlösung (Mediation)

Die Moderation in Hörfunk, Fernsehen oder Internet dürfte nur für wenige Leser infrage kommen. Und zu Gruppenarbeit und Teammoderation gibt es hinreichend Bücher und Seminare. In diesem Kapitel soll es daher vor allem um die Bühnenmoderation gehen, denn in dieser Rolle können sich auch Menschen unverhofft finden, die weder aus dem Journalismus noch aus psychosozialen Berufen kommen.

Eine Veranstaltung kann – wie jede Kommunikation – unterschiedliche Ziele haben:

- Unterhaltung (wir haben uns gut amüsiert). Keine Nachhaltigkeit.
- Information (wir haben was erfahren). Wenig Beteiligung.
- Zelebration (wir feiern gemeinsam Erfolge). Positive Verstärkung.
- Motivation (wir gehen gestärkt und inspiriert davon). Emotion.
- Identifikation (wir erleben uns als Teil eines Ganzen). Zugehörigkeit.

Eine gelungene Firmenveranstaltung dürfte einen dieser Aspekte als Hauptzweck, aber die anderen als Beimischung haben. Ein Spaßabend ohne den geringsten Inhalt mit Neuigkeitswert ist lustig, aber belanglos.

Eine Fachtagung ohne den geringsten Unterhaltungswert ist staubtrocken. Motivation und Zugehörigkeit brauchen meist auch sachliche Substanz. Moderation kann helfen sicherzustellen, dass das Ziel der Veranstaltung auch erreicht wird.

8.2   Rolle und Aufgaben des Moderators

Um sich klar zu machen, welche Möglichkeiten es hier gibt, seien einige verwandte Rollen genannt: Ansager (lebendes Hinweisschild), Conférencier, Entertainerin, Journalist, Mediatorin, Coach, Trainerin, Verkäufer, Rednerin, Gastgeber. Als wer trete ich an? Bin ich neutraler Vermittler, der „nur" Übergänge gestaltet? Bin ich inhaltlich Mitgestalterin oder gebe ich anderen Impulse zur Beteiligung? Oder bin auch Gastgeber und stehe als Person gleichberechtigt neben anderen Programmpunkten?

8.2.1   Let others shine

Ein häufiges Missverständnis in dieser Rolle: Die größere Sichtbarkeit wird auf sich bezogen und man hält sich für wichtiger, als man ist. Gute Moderatoren stehen nicht im Mittelpunkt, sondern im Dienst der Veranstaltung – auch wenn es paradoxerweise nötig sein kann, vorübergehend im Mittelpunkt zu stehen, um dem Ganzen zu dienen. Wir ziehen die Aufmerksamkeit, das Scheinwerferlicht kurz auf uns und geben dann ab – wie gute Fußballer. Wir lassen andere glänzen und wissen: Unsere Rolle ist die des menschlichen Scharniers, das Gäste und Programmpunkte verbindet. Eine gelungene Veranstaltung ist wie ein gutes Gericht eine runde Sache. Keine Zutat schmeckt zu arg heraus. Nimm dir vor, dass sich keiner an dich, aber jeder an den Abend erinnert – dann kommt hinterher das Feedback: Das war eine tolle Moderation.

Je nach Kontext und Aufgabe bewegt sich Moderation situativ zwischen zwei Polen:

- Ich *unterstütze* die Show.
- Ich *bin* die Show.

Je stärker es um Entertainment geht, desto eher darf die Moderation selbstreferenziell sein. Thomas Gottschalk war ein Meister darin. Le Show, c'est moi. Ist die Person tatsächlich sehr beliebt oder ein Glamour-Promi, dann wird auch genau das erwartet. Schwierig oder peinlich wird es, wenn No Names sich gerieren wie Gottschalk, ohne dessen Talent und Liebenswürdigkeit zu besitzen.

Viele, die sich zur Moderation hingezogen fühlen, haben ein großes Ego und lieben Aufmerksamkeit. Im schlimmsten Fall sind denen Anlass und Gäste egal – die brauchen eine Bühne und kapern den Anlass für reine Selbstdarstellung, eine „Ich-über-mich-Show". Die Moderation gerät dann sehr selbstreferenziell, weil dieser Typus davon ausgeht, die interessanteste Person im Raum sei sie selbst. Auch selbstverliebte Trainer und Berater agieren so. Am schlimmsten sind ehemalige C-Promis, die ihre besten Zeiten bescheidenen Ruhms hinter sich haben und sich ständig gerührt und huldvoll für jede noch so spärliche Liebesbezeugung des Publikums bedanken. Jeder zaghafte Einzelapplaus gießt Öl ins Feuer der Eitelkeit.

Im günstigen Fall peppt so ein selbstverliebter Alleinunterhalter eine verschnarchte Veranstaltung zumindest dem Anschein nach mit Schwung auf. Im ungünstigsten Fall merken alle außer dem Zirkuspferd auf der Bühne, dass das hier nicht passt, und die Veranstaltung schlittert in die Peinlichkeit. Kein Wunder also, dass viele Veranstalter als gebrannte Kinder dem Einsatz von externen Moderatoren skeptisch gegenüberstehen.

Bei Firmenveranstaltungen, Symposien oder anderen inhaltsgetriebenen Anlässen sollte die Moderation dem Ganzen dienen und auf keinen Fall der Selbstdarstellung. Gute Corporate-Event-Moderatoren gehen journalistisch vor. Sie werden gut gebrieft, sind auch dank eigener Recherche inhaltlich gut vorbereitet und verstehen sich als Diener des Informationsflusses.

Damit soll nicht gesagt sein, dass eine gute Moderatorin egofrei sein muss. Um auf der Bühne zu bestehen, braucht man ein gesundes Selbst-, vielleicht sogar Sendungsbewusstsein. Wer das Gefühl hat, die Aufmerksamkeit nicht wert zu sein, sollte die Bühne meiden. Wer jedoch glaubt, die Aufmerksamkeit gebühre nur ihm, sollte ebenfalls fernbleiben. Moderation ist die Kunst, die richtigen Worte und die richtige Balance zwischen Präsenz und Unsichtbarkeit zu finden.

Im einen Moment sind wir die Schau, im nächsten wollen wir sie anderen nicht stehlen. Wer andere glänzen lassen kann, macht selbst einen glänzenden Eindruck.

8.2.2   Den richtigen Ton finden

Der Ton einer Moderation ist meist etwas „bigger than life". Denn unsere Aufgabe ist es, Aufmerksamkeit zu bekommen und umzulenken. Dazu reicht meist nicht unsere übliche Lautstärke. Wobei es hier nicht um Lautstärke im rein quantitativen Sinne geht. Wir haben ja meist ein Mikrofon und müssen also nicht schreien. Aber kraftvoll, deutlich und etwas ausladender als gewöhnlich sollte die Stimme sein. Wir sind immerhin Verkünder dessen, was als nächstes kommt, und sollen ein Stück weit auch Laune darauf machen.

Zum richtigen Ton gehört auch die richtige Ansprache. Grundsätzlich zu empfehlen: inklusiv, positiv, ausgleichend. Alles weitere hängt – wie auch bei der Präsentation – davon ab: Wer spricht zu wem und in welchem Kontext?

Dass die Modewelt einen anderen Jargon hat als die Branche der Metallverarbeitung, versteht sich von selbst. Auch, dass Teilnehmer eines Ärztekongresses eine andere Ansprache erwarten als Besucher einer Game Convention. Und doch fällt es nicht leicht, die eigene Sprache auf Knopfdruck anzupassen. Der Spracherwerb geschieht früh in unserem Leben, die zugrunde liegenden mentalen Muster laufen zwar nicht völlig automatisch, aber doch so blitzschnell ab, dass uns womöglich etwas „herausrutscht", das wir im Nachhinein lieber anders formuliert hätten.

Wer als Moderator innerhalb seines Unternehmens agiert, hat es leichter. Der Jargon ist vertraut. Es besteht allenfalls die Gefahr, zu stark in interne Kürzel oder Chiffren zu verfallen. Empfehlung: Immer so sprechen, dass auch Medienvertreter im Raum sein könnten und alles verstehen würden.

Für Außenstehende sind die internen Codes und feinen Unterschiede zwischen Abteilungen oder Hierarchien natürlich schwerer zu treffen. Das wird dann mit journalistischer Vorbereitung kompensiert. Ich spreche vor solchen Aufträgen mit Insidern. Manchmal lerne ich bestimmte Buzzwords, um zu signalisieren: Ja, ich spreche eure Sprache.

Lange vor dem Atomausstieg habe ich einmal eine Veranstaltung für die Kernkraft-Tochter eines großen Energiekonzerns moderiert. Mir wurde zuvor eingebläut, auf keinen Fall „Atomkraft" oder „AKW" zu sagen. In der Branche bevorzugt man den Euphemismus Kernkraft und entsprechend das Kürzel KKW. Die Assoziation zum strahlenden Atom entstammt dem Vokabular der Gegner dieser Energieerzeugung und war damals noch ein Reizwort in der Branche (Framing!). Ich habe mich daran gehalten, und das kam gut an. Später beim Buffet habe ich mich freimütig als ehemaliger Anti-Atomkraft-Demonstrant geoutet. Damit konnten die „Kernis" gut umgehen.

8.2.3 Eröffnung einer Veranstaltung

Wetten, dass die häufigsten gesprochenen Worte zu Beginn einer Veranstaltung lauten: „Herzlich willkommen zu …"? – Wobei, wer weiß? Vielleicht ist der Spitzenreiter auch „Meine sehr verehrten Damen und Herren!" Schnarch.

Analog zur Eröffnung einer Präsentation gilt auch für die Eventmoderation: Das Allernaheliegendste zumindest in den ersten Sekunden vermeiden. Die ersten Sätze prägen den ersten Eindruck. Wird das lebendig oder langweilig? Wer gerne lebendig hätte, sollte auch so starten. Eine generische Grundstruktur für die Anmoderation eines Events kann so aussehen:

- Überraschender Einstieg
- Bezug zur Veranstaltung
- Begrüßung und Titel der Veranstaltung (und evtl. Selbstvorstellung)
- Protokollarisches
- Ziel und Agenda (einzelne Highlights nennen)
- Überleitung zu erstem Programmpunkt

Der Einstieg kann wie in Abschn. 5.1 beschrieben ein Zitat sein, ein persönliche Anekdote, ein historischer Bezug, eine aktuelle Studie, Zahl,

Aussage – kurz: alles, was einen nicht sofort erkennbaren, aber hoffentlich interessantem, amüsanten, überraschenden Bezug zur Veranstaltung hat. Im nächsten Schritt schlagen wir die Brücke zur Veranstaltung und offenbaren diesen Bezug. Der zweite Brückenpfeiler kann der Titel, das Thema, der Veranstaltungsort usw. sein. Man muss nicht alles nennen, es reicht der Bezug zu einem dieser Punkte.

Hilfreiche Fragen für die Vorbereitung

- Was sind wenig bekannte, aber interessante Bezüge zum Event?
- Welchen aktuellen Aufhänger gibt es?
- Welche aktuelle Tatsache oder Nachricht zeigt die Relevanz des Themas?
- Welches ehrliche Kompliment lässt sich den Anwesenden machen?
- Hat die Location eine interessante Geschichte, von der sich eine inhaltliche Brücke schlagen lässt?

Erst dann heißen wir herzlich willkommen und nennen den Titel der Veranstaltung (obwohl er bereits auf der Einladung und vermutlich als Folie auf der Leinwand steht). Wenn wir dabei mit der Stimme runter gehen und eine Pause machen, kommt oft unwillkürlich Applaus. Danach können wir uns kurz selbst vorstellen, falls sinnvoll.

Als nächstes müssen manchmal einige Anwesende gesondert begrüßt werden. Eine etwas altbackene und heikle Angelegenheit. Wehe, die hierarchische Reihenfolge wurde nicht eingehalten oder eine Person, die mit namentlicher Nennung gerechnet hat, wurde vergessen! Ich bin immer heilfroh, wenn das die Gastgeber selbst machen. Und noch glücklicher, wenn so eine Begrüßungsarie (bitte mit Sammelapplaus zum Schluss) gar nicht erst auf der Agenda steht. Eine charmante Behelfslösung kann es sein, nicht einzeln mit Namen, sondern nur Gruppen zu begrüßen: alle Anwesenden aus Geschäftsführung, Projektteam, Produktion, Ehrenamtliche, Medienvertreter …

8.2.4 Ankündigung eines Redners oder Akteurs

Mach andere groß, dann bist du ein Großer. Nach diesem Motto moderieren wir Redner oder andere Akteure der Veranstaltung gebührend an.

Also nicht nur Name und Funktion aufsagen *(„… und als nächstes begrüßen wir auf der Bühne die Regionalgebietsleiterin Frau …")*, aber auch nicht die ganze Vita runterrattern *(„… nach einem erfolgreich abgeschlossenen Studium war er zunächst …")*.

Auf einer politischen Veranstaltung hatte ich eine Professorin anzukündigen, die neben Lehrstuhl und Institutsleitung in etlichen Gremien saß. Ihre Tätigkeitsliste war beeindruckend – und erschlagend. Ich fragte sie einfach selbst, welchen ihrer vielen Hüte sie heute aufhaben möchte, und sie war dankbar für die Gelegenheit, die Anmoderation einzugrenzen auf die Funktionen, die in diesem Rahmen zu nennen sinnvoll war.

Idealerweise „verkaufen" wir den nächsten Programmpunkt gut. Das machen wir mit ein paar Sätzen, die beleuchten, warum gerade diese Person die richtige ist, jetzt zu sprechen. Dazu reicht es, aus der Vita den einen oder die beiden Aspekte herauszugreifen, die für den Kontext relevant sind. Besser noch als Lebenslauf-Splitter sind konkrete Beispiele.

* „… sie hat damals als eine der Ersten ein Digitalisierungsprojekt in einem großen Konzern geleitet …"
* „er hat sich viele Jahre lang mit dem Thema intensiv beschäftig und gilt zurecht als einer der führenden …"

Es darf anklingen, dass die nächste Person die Idealbesetzung für den nächsten Programmpunkt ist. Hier lauern Formulierungs-Fettnäpfchen ähnlich wie in Arbeitszeugnissen *(„… hat sich stets bemüht …")*. Fataler Fehler:

* „Wir wollten eigentlich Herrn Prof. Nobelpreis einladen, aber der hatte leider keine Zeit. Wir freuen uns, dass sein Vertreter Herrn Unwichtig kommen konnte, der ja auch gut mit dem Thema vertraut ist." – Na, danke, der wird nie wieder einspringen.

Manchmal wird der Moderator selbst angekündigt. Die drei folgenden Ankündigungen zeigen, wie unterschiedlich wertig seine Rolle oder Person empfunden wird.

- *„Ich übergebe an unseren Moderator."* Übergeben!? Bitte nicht! – Und offenbar konnte sich keiner den Namen des Moderators merken.
- *„Die Moderation übernimmt heute freundlicherweise Herr/Frau X."* Immerhin schon namentliche Nennung.
- *„Wir sind sehr dankbar, dass wir einen solch erfahrenen Profi für die Moderation gewinnen konnten."* Ah, das fühlt sich gut an.

„Gewinnen können" ist eine schöne Formulierung der Wertschätzung. Sie drückt aus, dass man weder Kosten noch Mühe gescheut hat, den Besten für die Aufgabe zu bekommen. Das lässt alle Beteiligten gut aussehen.

> **Profi-Tipp: Name zuletzt**
>
> Wie beim Boxkampf den Namen des Angekündigten immer zuletzt nennen. Wir machen es spannend und sprechen zunächst nur von der nächsten Rednerin, dem nächsten Experten usw. Erst ganz zuletzt sagen wir: *„Wir freuen uns auf … (Funktion + Name)"*. Das ist für die Person ein eindeutiger Hinweis: jetzt auf die Bühne kommen. Und für das Publikum ein klares Signal: jetzt klatschen. Und wir sagen den Nachnamen *laut*, denn mit der Lautstärke unserer Stimme beeinflussen wir die Stärke des Applauses.

Hier der Aufbau einer wirkungsvollen Ankündigung:

1. Relevanz des Themas (Problemstellung)
2. Begründung, warum der nächste Redner genau dafür Experte ist
3. Funktion und Name des Redners

Überleitungen

Wer viel Radio hört, kennt sie: die Jingles und Senderkennungen der Sender. Eine Sonderform ist der sog. Transition Jingle. Der fängt sanft an und beschleunigt dann. Oder er steigt energisch ein und endet balladesk. Ein Transition Jingle wird gespielt, um zwischen zwei Stücken mit sehr verschiedenen Tempi oder Stimmungen einen Übergang zu schaffen, also das, was sonst der Moderator oder die Moderatorin macht.

Auch bei einer Veranstaltung nimmt Moderation manchmal diese Scharnierfunktion ein, um Brüche zu vermeiden. Das ist moderare (ausgleichen) im Wortsinn. War der letzte Vortrag sehr langatmig oder einschläfernd, wird ein guter Moderator nicht wie ein Clubanimateur auf die Bühne springen und Vollgas geben. Dabei könnten sich einige zu Tode erschrecken. Er wird die niedrige Drehzahl des Vorredners aufnehmen und binnen zwei Sätzen auf einen höheren Gang schalten – aber mit Kupplung und geschmeidig. Oder umgekehrt: von aufgepeitscht wieder zu sachlich. Energie und Stimmung im Raum steuern wir am besten mit der Stimme.

> Stimme macht Stimmung.

Eine gute Überleitung von einem zum nächsten Programmpunkt dauert in der Regel weniger als eine Minute. Die Ankündigung sollte nicht unverhältnismäßig viel Raum einnehmen. Ist sie zu kurz, fragt man sich, ob es nötig war, für diese zwei Sätze überhaupt auf die Bühne zu gehen. Ist sie zu lang, sinkt der Energielevel im Raum wieder. Es soll ja nur eine Anmoderation sein, keine Rede vor der Rede.

8.2.5 Pleiten, Pech & Pannen

Wenn Unvorhergesehenes passiert, zeigt sich, ob die Person auf der Bühne einigermaßen locker ist oder unter großer Anspannung steht. Ein lauter Zwischenrufer, etwas fällt um, der Projektor oder ein Mikrofon fällt aus, ein wichtiger Gast kommt zu spät, Menschen verlassen den Saal, plötzlich ertönt aus dem Raum nebenan laute Musik – es gibt tausend Dinge, die dazwischenfunken können. Die Moderation hat dann Vorbildfunktion. Reagiert sie nervös, werden alle ein wenig nervös. Reagiert sie gelassen, bleiben alle gelassen. Kann sie darüber lachen, löst das die Stimmung. Dann erweisen sich manche kleine Pannen als Glücksfall, weil sie die Veranstaltung auflockern.

Moderationskarten

Freie Rede ist schön, aber Moderationskärtchen sind etabliert. Wer sich damit sicherer fühlt, soll sie ruhig in die Hand nehmen. Idealerweise brauchen wir sie nicht und haben sie nur zur Sicherheit in der Hand. Fatal ist, wenn wir so auf das fixiert sind, was auf dem Kärtchen steht, dass wir nicht mehr auf das reagieren, was gerade passiert. Das echte Leben ist oft anders als der Laufplan in der Hand. Hermann Scherer sagt: „Dieses Leben ist keine Generalprobe." (Scherer 2011, S. 62).

Die Karten sollten aus festem, farbigem Kartonpapier sein und keine ganzen Sätze, sondern nur Stichworte in sehr großer Schrift enthalten (mind. Schriftgröße 24). Es sieht schick aus, wenn sie hinten mit dem Veranstaltungslogo bedruckt sind. Von laminiert rate ich ab, weil das im Scheinwerferlicht spiegelt.

> **Profi-Tipp: Moderationskarten nummerieren**
>
> Dieser Tipp klingt banal, aber ich habe schon Kollegen erlebt, die mühevoll Moderationskarten angefertigt haben und dann auf der Bühne hektisch zu blättern anfingen: Wo war ich, was kommt als nächstes? Daher die Karten nummerieren. Wenn sie auf den Boden fallen, ist sonst die Reihenfolge weg. Nur einseitig beschriften, am besten in großen Druckbuchstaben.

Bei kurzen Moderationen sollten alle Stichpunkte auf eine Karte passen; bei einem kurzen Wortbeitrag alle zwei Sätze die Karte zu wechseln wirkt albern. Ich gehe immer nur mit der *einen* Karte auf die Bühne, die ich für meine nächste Moderation brauche. Und ähnlich wie beim Presenter gilt: Moderationskarte in die nicht-dominante Hand nehmen, damit die Schreibhand frei für Gestik ist. Sonst rudern wir unwillkürlich mit den Karten durch die Luft.

Zwei weitere Tipps:

• Vor dem eigentlichen Opening sage ich oft einige Worte wie „Guten Morgen" als letzten Mikrofontest (falls vorher keine Gelegenheit für einen Soundcheck war), auch damit Ruhe einkehrt und die Leute merken, es geht los. Ein sehr kurzer Small Talk von der Bühne aus kann auch dem Herstellen der Verbindung zum Publikum dienen.

* Vorsicht mit vorbereiteten Gags. Ob die live wirklich so gut ankommen, wie man sich das vorgestellt hat? Nur wenige können das so abrufen, dass es spontan wirkt. Besser ist es, entspannt im Hier und Jetzt zu sein. Dann gelingt zuweilen Situationskomik.

8.2.6 Bühnengerechte Kleidung und Make-up

Wer im Rampenlicht steht, möchte glänzen – aber nicht im unerwünschten Sinne. Leichtes Make-up kann selbst bei Männern sinnvoll sein wenn die Scheinwerfer sehr stark sind – sonst sieht man leichenblass aus. Zumindest abpudern oder abtupfen schadet nicht. Bei der Kleidung sollten karierte oder kleinteilige Muster (z. B. Moiré) gemieden werden, weil sie im Falle einer Live-Projektion auf dem Bildschirm flimmern. Ebenfalls ungünstig sind starke Hell-dunkel-Kontraste (z. B. weißes Hemd mit schwarzem Sakko). Besser: blaues oder graues Sakko bzw. Blazer und hellblaues oder rosa Hemd bzw. Bluse. Besser unifarben als gemustert. Falls Ansteckmikrofone (Lavalier) zum Einsatz kommen, auf stark raschelnde Textilien und klimpernden Schmuck verzichten. Lieber dezent und ohne ablenkende Mode-Accessoires. Eine grundsätzliche Überlegung kann sein: wie sehr möchte ich mich dem Rahmen und Dresscode anpassen? Und wie sehr möchte ich, dass mein Outfit ein Statement ist? Das hängt u. U. wieder von der Frage ab: bin ich die Show oder unterstütze ich sie?

8.2.7 Podiumsrunden moderieren

Eine Podiumsdiskussion ist ein spannendes Format. Live mit mehreren Akteuren zugleich ist sie nicht bis ins Detail vorab planbar. Das macht sie interessant – oder zur Katastrophe. Wenn viel Emotion im Raum ist, ist es die Königsdisziplin für Moderatoren, sie so zu steuern, dass sie lebendig ist, aber auch nicht komplett aus dem Ruder läuft.

Zunächst ein paar logistische Aspekte. Meist sitzen ja die Teilnehmer – oder gruppieren sich um Stehtische. Wo sollte sich der Moderator platzieren? Es gibt zwei Möglichkeiten: Entweder in der Mitte wie der Löwendompteur, was unweigerlich die Moderation ins Zentrum rückt und Autorität verleiht. Der Nachteil: Oft entspinnt sich dann kein direktes Gespräch unter den Teilnehmern, weil jeder darauf wartet, vom Chef in der Mitte das Wort erteilt zu bekommen. Ich bevorzuge daher meist einen Platz an der Seite, das passt zu meinem Rollenverständnis, dass der Moderator nicht die wichtigste Person auf der Bühne ist. Allerdings ergibt sich dann bei ungerader Teilnehmerzahl die Frage, wer auf dem Thronplatz in der Mitte sitzt. Auch bei der nächsten räumlichen Frage gibt es keine eindeutige Antwort.

Ist es besser, es nehmen erst alle ihre Plätze ein und werden dann anmoderiert? Oder jeden einzeln mit Ankündigung und Applaus aufs Podium bitten? Beides geht. Einzeln hochkommen macht den Auftritt größer. Erst Plätze einnehmen, dann anfangen, wirkt unprätentiöser. Kommt also wieder drauf an: Wer zu wem und wo?

Eröffnung und Ankündigung der Teilnehmer ähnelt dem zuvor Gesagten. Hier ein paar Anregungen für den weiteren Verlauf: Die **Eingangsfrage** ist entweder die, die alle ohnehin im Kopf haben (der Elefant im Raum); oder sie nimmt Bezug auf den vorigen Programmpunkt; oder sie greift etwas Aktuelles auf; oder sie ist überraschend, aber relevant. Idealerweise bietet sie allen eine Plattform für ein kurzes Eingangsstatement, und jeder wird einmal direkt angesprochen. Dann sollte es bald Interaktion zwischen den Teilnehmern geben. Nun nimmt sich die Moderation ein Stück zurück. Wenn es gerade spannend ist, kann man wie ein guter Fußballkommentator auch mal die Klappe halten.

Wer fragt, der führt (das Gespräch)

Geschlossene Fragen oder Suggestivfragen sind logischerweise wenig sinnvoll. Ansonsten gibt es viele Möglichkeiten, das Gespräch oder die Wortbeiträge zu lenken.

- **Faktische Fragen:** „Was?" „Seit wann?" „Wie viele?" „Wer?" „Wo?"
- **Ursächliche Fragen:** „Wie kam es dazu?" „Was hat dazu geführt …?"
- **Werte-Fragen:** „Was ist dir daran wichtig?" „Was waren die Gründe für …?" „Warum?"
- **Fragen auf Metaebene:** „Worauf kommt es an?" „Was ist der Unterschied zwischen …?"

- **Anekdotisch:** „Was war die schlimmste, beste …?" „Wann war der Moment, als … ?" „Das erste Mal …?"
- **Meinungsfragen:** „Wie denkst du darüber?" „Wie findest du …?" „Was sollte mehr im Mittelpunkt stehen?"
- **Vertiefungsfragen (Katharsis):** „Wie meinen Sie das?" „Erzähl mehr!" „Was verstehen Sie genau darunter?"
- **Zuspitzung:** „Wie hätten Sie in dieser Situation gehandelt?" „Wenn Sie zwischen x und y wählen müssten …?"
- **Imagination:** „Wenn du einen Wunsch frei hättest …?" „Wie würde das in einer idealen Welt aussehen?" „Was wäre das Schlimmste, was passieren könnte …?"
- **Externe Position einbringen:** „Wenn xy jetzt zuhören würde, wie würde er/sie reagieren?" „Was würde xy dazu sagen?"
- **Vergleich zu früher oder Ausblick:** „Was hat sich im Vergleich zu früher verändert?" „Wie wird das in zehn Jahren sein?"

Mut zum Weglassen

Gute Vorbereitung bedeutet, dass wir genügend Fakten in der Hinterhand haben, um jederzeit gut parieren zu können. Gute Umsetzung heißt: Nicht stur alles anbringen, was man auf Lager hat, sondern offen sein für den Moment. Zwei TV-Beispiele: Alfred Biolek hatte immer einen Stapel vollgeschriebener Moderationskarten mit vielen Fragen darauf in der Hand. Er blickte oft auf seine Karten. Aber wenn der Gast etwas Spannendes erzählte, war Bio in der Lage, sich von seinen Fragen zu verabschieden und sich auf sein Gegenüber einzulassen. Bei Markus Lanz hat man oft den Eindruck, er möchte mit seinen sehr langen Fragen zeigen, wie klug er ist und dass er die Antwort schon kennt. Selbst wenn das Gegenüber schon antworten möchte, beharrt er darauf, seine weitschweifige Frage noch zu Ende zu formulieren. Mut zur Lücke heißt manchmal: Kill your darlings.

Improvisation

Vielleicht nimmt das Gespräch eine ganz andere Wendung als antizipiert. Dann sollte man sich jederzeit von seinem Konzept lösen können. Das gelingt wunderbar, solange wir nach wie vor die Hauptrichtung im Blick behalten. Das ist wie beim Autofahren, wenn man unterwegs Staus umfährt, aber trotzdem weiter das Ziel ansteuert.

8.2.8 Schlussrunde

Mit der letzten Frage kann ich bestimmen, in welcher Tonalität die Diskussion enden soll: leicht und heiter, nachdenklich, ergebnisoffen usw. Es bietet sich eine einfache Frage an, die allen Podiumsgästen Gelegenheit für ein kurzes (!) Fazit gibt. Dabei nehme ich als erstes die Person dran, von der ich mir erhoffe, dass sie den anderen mit einem guten Beispiel für Prägnanz vorangeht (und lobe das erwünschte Verhalten).

Der lebendigste Teil einer Podiumsrunde ist oft der, wenn sie sich öffnet und Fragen aus dem Publikum zulässt. Der Hinweis dazu sollte schon zu Beginn und einige Minuten vorher kommen, damit das Publikum sich innerlich bereit machen kann. Hier ein paar Tipps für den Ablauf einer Publikumsdiskussion.

- **Ankündigen:** „Wir wollen im Anschluss/in etwa zehn Minuten die Runde öffnen für Ihre Fragen oder Anmerkungen. Wir werden dann mit Mikrofonen zu Ihnen kommen."
- **Zeitlimit setzen:** „Wir haben nun x Minuten Zeit für eine offene Diskussion."
- **Anstoßen:** „Wo ist die erste Frage?" Pause aushalten.
- **Sammeln:** „Wir sammeln einige Fragen, bevor wir das Podium antworten lassen." Ggfs. Stichworte zu den Fragen notieren.
- **Podium antwortet:** Jeder darf, keiner muss. Auf keinen Fall sollte jeder auf jede Frage antworten.
- **Kontrolle behalten:** „Vielen Dank. Wer hat die nächste Frage?" Bei mehreren Meldungen:
- **Überblick rückmelden:** „Okay, wir haben zunächst den Herrn hier vorne, dann die Dame hinten im roten Mantel, dann den Herrn am Mittelgang." Zwischendurch auch durch Nicken zu verstehen geben, dass man die Wortmeldung gesehen hat.
- **Beenden:** „Wir haben noch Zeit für drei Fragen …" bzw. „Wer stellt die letzte Frage?"

- **Abmoderation:**
  - Anerkennung: „Vielen Dank für die lebhafte Beteiligung."
  - Zusammenfassung: In wenigen Worten das Wesentliche erfassen.
  - Dank allen Beteiligten (von Akteuren über Organisatoren bis Technik)

Profi-Tipp: Mikrofon-Kontrolle

Falls im Publikum Mikrofone gereicht werden, sollten die Saalhelfer ge-briefed werden, diese nicht aus der Hand zu geben, sondern den Fragestel-lern wie Reporter das Mikrofon zu halten. Warum? Manche wissen nicht, wie man ein Mikrofon hält. Andere geben es nicht mehr her, wenn sie es einmal in der Hand haben. Daher: Mikrofone *nie* aus der Hand geben!

Umgang mit „schwierigem" Publikum

Einige Tipps dazu gab es bereits in Abschn. 7.4.2 zu Fragerunden. Hier ein paar weitere.

- **Frager holt zu einem Kurzvortrag aus:** In passender Lücke die letz-ten Worte des Fragers wiederholen. Die eigenen Worte aus dem Mund eines anderen zu hören, stoppt jeden in seinem Redeschwall. *„Sie sagen gerade … Ein wichtiges Thema. Was ist denn in **einem Satz** Ihre Frage dazu?"* Wertschätzung füttert den Geltungsdrang der Person und macht sie offener für sanfte Lenkung.
- **Der Frager redet langatmig weiter:** *„Verzeihung, wenn ich unterbre-che. Damit in der gegebenen Zeit möglichst viele die Gelegenheit zu einer Frage haben, würde ich Sie bitten, sich kurz fassen."* Das leuchtet den meisten ein.
- **Die Frage ist gar keine Frage:** *„Danke für die Rückmeldung (den Kommentar, die Einschätzung, Schilderung …). Wer hat noch eine **Frage** ans Podium?"* – Signalisiert: muss keine Frage sein, aber Fragen bekommen mehr Raum (es sei denn, wir haben explizit zu Beiträgen aller Art eingeladen).
- **Zwischenrufer**
  - Ignorieren: Meist die beste Variante. Pöblern keine Aufmerksamkeit geben signalisiert: Wer was sagen möchte, soll sich bitte ordent-lich melden.

- Humor: War es ein lustiger Zwischenruf, kann man auch schlagfertig und humorig reagieren. Hauptsache, kurz.
- Indirekt Ansprechen: *„Wenn Sie mitdiskutieren möchten, dann bitte ich um Handzeichen."*

- **Persönliche Geschichte:** Manchmal erzählen Menschen unerwartet eine sehr betroffen machende Geschichte. Damit wir in dieser Stimmung nicht stecken bleiben: sehr empathisch abbinden, dann weiter moderieren. *„Vielen Dank für diesen persönlichen Einblick (vielen Dank für Ihre Offenheit/den Mut, das hier zu teilen etc.)."* Ggfs. kurz inhaltlich würdigen: *„Ihr Beispiel zeigt …"* Vorsicht, keine spekulative Einordnung, eher Zusammenfassung auf Metaebene. Dann weiter: *„Gibt es noch eine Frage zum Thema xy?"*

8.3   Geeignete Moderatoren finden

Moderator oder Moderatorin ist kein geschützter Begriff. Jeder kann so firmieren. Es gibt keine allgemein anerkannte, institutionelle Ausbildung. Die meisten kommen aus dem Journalismus oder der Schauspielerei. Selten gibt es auch gute Quereinsteiger. Wer einen Profi für sein Event sucht und keine persönliche Empfehlung bekommt, sollte im Netz suchen und einen kritischen Blick auf den Lebenslauf werfen und sich nicht allein von Fotos blenden lassen („ich und die Kanzlerin"). Selfies mit Prominenten zu bekommen ist leicht, das beweist nichts. War die Person für namhafte Veranstaltungen oder Firmen im Einsatz? Heißt „international" wirklich weltweit oder nur: ich hatte mal einen Auftritt in Österreich.

Auch das Honorar kann bei der Einordnung helfen. Wer für deutlich unter 1000 EUR moderiert, hat bisher vermutlich Promoaktionen im örtlichen Kaufhaus oder den Tag der offenen Tür im Autohaus moderiert. Dagegen ist nichts zu sagen, das ist eine gute Schule. Aber noch kein Abschluss. Halbwegs gute Moderatoren kosten ab 2000 EUR pro Tag, richtig gute deutlich mehr, bei sehr namhaften gibt es nach oben kaum Grenzen. In Relation zu Event-Budgets die oft im fünf- bis sechsstelligen Bereich liegen, fällt das kaum ins Gewicht. Hier sollte nicht am falschen Ende gespart werden. Ein guter Moderator kann eine Veranstaltung (und damit eine große Investition) retten.

Übrigens muss namhaft nicht zwingend „geeignet und gut" bedeuten. Sind die Inhalte sehr wichtig oder sensibel, besteht immer die Gefahr, dass die Bekanntheit des Moderators den eigentlichen Anlass überstrahlt. Wichtiger ist einschlägige Erfahrung. Oft werden Profis von Hörfunk und Fernsehen angefragt – aber live auf der Bühne ist etwas anderes als die Studiosituation. Wer bisher nur Modenschauen moderiert hat, wird bei einem Fachsymposium zur Kieferchirurgie u. U. schon mit dem Aussprechen von Fachbegriffen überfordert sein. Und wer eher kleines Publikum gewöhnt ist, dem fehlt möglicherweise die Präsenz und Power, einen Saal mit tausend Menschen zu bespielen.

Soll die Rolle der Moderation intern besetzt werden, dürfte klar sein: Die Person sollte nicht nur unter vier Augen oder im Meeting ein guter Kommunikator sein, sondern muss auch mit geballter Aufmerksamkeit gut umgehen können. Nichts ist schlimmer als jemand, der locker moderieren soll und vor Nervosität nur noch mit trockenem Mund von Kärtchen ablesen kann. Schrecklich für alle Anwesenden, denn es macht keinen Spaß, jemanden da vorne leiden zu sehen. Alles, was gute Präsentatoren ausmacht, sollten Moderatoren in noch größerem Ausmaß beherrschen. Wer in der folgenden Kompetenz-Liste viele Häkchen setzen kann, könnte sich gut für Moderation eignen.

Kompetenzen guter Moderatoren

- Präsenz (Zugewandtheit, Wachheit, Energie, Ausstrahlung)
- Lockerheit vor Publikum (kein Lampenfieber)
- Wortgewandtheit (frei formulieren können)
- aufmerksam Zuhören
- schnelle Auffassungsgabe
- Flexibilität (um Unvorhergesehenes souverän auffangen zu können)
- Nervenstärke, emotional stabil
- situative Extraversion (sich im richtigen Moment auch zurücknehmen können)
- Integrität (niemanden bloßstellen)
- Kreativität (originelle Überleitungen finden)
- Gespür für Stimmungen (was braucht das Publikum oder mein Gegenüber?)
- Organisationstalent
- gut unter Zeitdruck

Eine gute Moderation täte auch vielen Online-Meetings oder virtuellen Konferenzen gut. Mehr dazu, wie wir auch auf dem Bildschirm bzw. im Homeoffice eine gute Figur machen, in Kap. 9.

Zusammengefasst
* Verbindung herstellen
* Informationen zu Ablauf, Pausenzeiten, Fluchtwegen usw.
* Programmpunkte ankündigen
* Übergänge gestalten
* Aufmerksamkeit lenken
* Stimmung steuern
* Zuhören, verstehen, prägnant zusammen fassen

Literatur

Scherer H (2011) Glückskinder. Campus, Frankfurt

9

Online präsentieren

Zusammenfassung Das Corona-Jahr 2020 hat viele Menschen zum ersten Mal mit Videokonferenzen in Berührung gebracht. Wobei das Wort Berührung unpassend ist. Denn wir haben zwar touch screens und können den Bildschirm berühren – aber der Bildschirm berührt nicht uns. Und da sind wir schon bei den Herausforderungen der virtuellen Welt. Sie hat enorme Vorteile – aber auch ihre Grenzen und Tücken. Dieses Kapitel gibt Praxis-Tipps, wie wir diese umschiffen und auch online gut sichtbar werden.

Homeoffice war sicher eines der häufigen Schlagwörter während der Pandemie. Viele Verfechter der Präsenzkultur in Unternehmen mussten einräumen: Es geht doch. Vor allem dank der vielen technischen Möglichkeiten, auch von zuhause aus an Besprechungen teilzunehmen. Was sind die Vorteile von Microsoft Teams, Zoom, WebEx, Skype, Jitsi oder was auch immer die verwendete Plattform ist? Zum einen die Bequemlichkeit. Wir müssen nirgendwohin fahren, um an diesen Terminen teilzunehmen, wir müssen nicht einmal die Wohnung verlassen. Wir gehen einfach an unseren Schreibtisch. Das spart Zeit, Geld und Büroflächen.

© Springer Fachmedien Wiesbaden GmbH, ein Teil von Springer Nature 2021
D. U. Schott, *Souverän präsentieren – Die erste Botschaft bist Du*,
https://doi.org/10.1007/978-3-658-30660-1_9

Und nutzt der Umwelt, die weniger mit CO_2 belastet wird, da wir weniger reisen. Wenn die Teilnehmer*innen solcher Meetings nicht mehr physisch an einem Ort sein müssen, spielt es auch keine Rolle mehr, wo sie sich aufhalten. Was früher ein Verhinderungsgrund war (nämlich räumliche Abwesenheit), ist nun keiner mehr. Es ist egal, wo wir uns gerade befinden, wenn wir Zeit haben und einen stabilen Internetzugang, können wir dabei sein. Bisher wurden Video Calls vor allem im internationalen Kontext genutzt, nun auch dann, wenn alle in derselben Region wohnen.

Weitere Vorteile: Die Meetings können aufgezeichnet werden. So lassen sich Protokolle leichter erstellen und Teilnehmer*innen, die nicht dabei waren, erhalten einen Link. Auch können Videokonferenzen durch den geschickten Einsatz von Medien und Technik visuell sehr abwechslungsreich gestaltet werden – wobei die wenigsten diese Möglichkeiten wirklich nutzen.

Was sind die Nachteile? Was von vielen am schmerzlichsten vermisst wird, ist die Körpersprache. Ohne nonverbale Signale können wir nur schwer zwischen den Zeilen lesen, Emotionen oder das Ungesagte erspüren. Und genau das ist in vielen Terminen besonders wichtig. Meetings sind Live-Feedback – und oft sind Gesten, Blicke oder das, was nicht gesagt wird, besonders aussagekräftig. Selbst wenn alle die Webcam an haben, kann keiner mit anderen einen vielsagenden Blick austauschen, ohne dass es alle sehen.

Was ebenfalls wegfällt, ist das Informelle und Beiläufige. Wie viele gute Ideen entstehen nur, weil Teilnehmer nach einer Besprechung noch kurz über etwas anderes reden? Der Austausch zwischen Tür und Angel führt oft zu wichtigen Anstößen. Auch Small Talk als Teil der Beziehungspflege fällt online oft weg, weil effizient nur die Tagesordnung durchgearbeitet wird.

Ein weiterer Nachteil: Es dominieren noch mehr als in physischen Meetings die „Lautsprecher", denn die Videokonferenzprogramme schalten meist das Video desjenigen groß, dessen Audiosignal andere übertönt – und diese Person hat dann das Wort. Wer nicht Miniatur am Bildschirmrand bleiben will, muss sich deutlich einbringen. Wenn hingegen die Kameras aus sind, ist es schwer zu folgen, da wir keine Gesichter zum Ton haben. Zugleich wissen die Sprechenden nie, ob die anderen wirklich dabei sind. Manche sind zwar eingeloggt, aber nur mit halbem Ohr dabei und legen nebenbei die Wäsche zusammen.

9.1   Was funktioniert online und was nicht?

Wer mich vor 2020 gefragt hätte, dem hätte ich gesagt, dass 80 % meiner Arbeit online nicht möglich sind. Inzwischen habe ich genau das Gegenteil erlebt. Etwa 80 % meiner Themen lassen sich auch online vermitteln. Die restlichen 20 % allerdings sind tatsächlich am Bildschirm nicht möglich. Vielleicht hat Corona auch unser Bewusstsein für den Wert persönlicher Begegnungen geschärft. Für manches müssen wir uns von Angesicht zu Angesicht treffen, denn dann ist eine andere Energie im Raum.

Möglichkeiten und Grenzen von Online

- **Was geht gut online?**
  - Wissensvermittlung (E-Learning, Information)
  - Workshops – solange es keine „heißen" Themen sind
  - Austausch in Teams, die sich gut kennen
  - Jour fixe, Statusberichte in Projekten
  - Arbeit an Sachthemen
  - Jeder Austausch, der vor allem auf der Sachebene stattfindet
- **Was geht nicht so gut?**
  - Kennenlernen, Geschäftsanbahnung
  - Beziehungspflege
  - Teambuilding sowie gruppendynamische Prozesse
  - Transformation, Verlassen der Komfortzone
  - Arbeit an Körpersprache
  - Jeder Austausch, bei dem Beziehungsebene oder Gefühle eine wichtige Rolle spielen

9.1.1 So machen wir es besser

In den letzten Monaten habe ich viele Menschen gefragt, was sie an Online-Meetings am meisten nervt. Hier die Top sieben Pain Points:
Der Schmerz

1. Verbindungsprobleme
2. Technikaussetzer
3. Unübersichtlicher Chatverlauf
4. Ausschweifende Wortbeiträge
5. Fehlende Resonanz oder Interaktion
6. Man sieht und spürt die anderen zu wenig
7. Unverbindlichkeit

Die Therapie

1. Machen Sie sich vorab mit der Technik vertraut. Bei anspruchsvollen oder wichtigen Meetings empfiehlt sich ein Probedurchlauf. Zeitpuffer für die Klärung technischer Probleme (Einwahl, Audio verbinden, Interaktions-Tools) einplanen.
2. Schließen Sie alle anderen Anwendungen (vor allem solche, die auf die Internetverbindung zugreifen), ist die Performance besser. Manche haben noch das Mailprogramm sowie 17 Browserfenster offen und wundern sich über schlechte Bandbreite. Die Verbindung über LAN (Ethernet-Kabel zum Router) ist stabiler als über WLAN.
3. Strukturieren Sie den Chatverlauf: eine Zeile mit Sonderzeichen (z. B. ********************) wenn ein Thema abgeschlossen ist, trennt die Rückmeldungen dazu von den nächsten Einträgen. So wird der Chat übersichtlicher.
4. Vereinbaren Sie vor dem offiziellen Beginn des Meetings, wie lang die Wortbeiträge maximal sein sollen – und sorgen Sie auch dafür, dass sich alle daran halten. Achten Sie darauf, dass alle zu Wort kommen. Vorteil der Galerie-Ansicht: wir sehen alle.
5. Idealerweise ist ein Online-Meeting moderiert, d. h. eine Person (meist diejenige, die eingeladen hat) steuert den Ablauf sowie das

Zeitmanagement. Begrüßen Sie jede Person, die neu das Meeting betritt namentlich. Das schafft Verbindung.

6. Viele planen 15 Minuten zum Ankommen ein – hier kann Small Talk stattfinden oder eine schnelle Runde mit der Frage „Wie geht es dir aktuell?". Für diesen informellen Vorlauf sind diverse neudeutsche Begriffe in Gebrauch wie Check-in, Waiting Room oder Warm-up. Wenn Neuankömmlinge merken, dass hier angenehmer, informeller Austausch stattfindet, werden sie sich das nächste Mal vielleicht auch früher einwählen. Oder der Check-in ist fester Bestandteil der Agenda.

7. Wie jedes gute Meeting braucht auch das Online-Meeting Verbindlichkeit. Bei Präsenzmeetings fehlt sie oft am Ende (Wer macht was bis wann?), bei Online-Meetings oft auch schon zu Beginn: Einige bleiben unsichtbar, wählen sich zu spät ein – oder tauchen gar nicht erst auf. Mögliche Abhilfe: Teilen Sie jedem eine kleine Aufgabe zu („von dir würden wir gern kurz was zum Thema xy hören").

9.1.2   Was wir vermeiden sollten

Video-Konferenzen haben oft auch unfreiwillig komische Momente. Da huscht ein spärlich bekleideter Mitbewohner durch den Hintergrund, die Hauskatze guckt neugierig in die Webcam oder man findet heraus, welcher Kollege eine echt psychedelische Tapete hat. Die größten Lacher: Wenn jemand vom Schreibtisch aufsteht und alle sehen, dass sich die Person nur „obenrum" für das Meeting zurecht gemacht. Die Versuchung, im Schlafanzug oder in Boxershorts online zu gehen, ist groß, man ist ja in den eigenen vier Wänden. Also, klar: ordentlich anziehen, schon um auch innerlich in professionelle Haltung zu kommen. Und vielleicht eine Warnung an die Tür: „Achtung, bin in Videokonferenz. Bitte nicht nackt durchs Bild laufen." Und damit von den seltenen Ausreißern zu den wirklich häufigen Schwachstellen der Online-Präsenz.

Die acht beliebtesten Möglichkeiten, einen schlechten Eindruck zu machen

1. Schattengesicht: Gegenlicht z. B. durch Fenster im Hintergrund
2. Kein Augenkontakt: Blick auf den Bildschirm statt in die Kamera
3. Sitzzwerg: Bildausschnitt schlecht genutzt, zu viel „Headroom"
4. Herabschauen: Laptop und Kamera sind nicht auf Augenhöhe
5. Unprofessioneller Hintergrund: unordentlich, zu unruhig, zu bunt, zu kahl
6. Knisterstimme: schlechter Ton, Headset falsch justiert
7. Anonymus: keine persönliche Verbindung, weil Kamera aus
8. Riesenhände: Kamera macht alles im Vordergrund größer

Die erste Botschaft bist Du – auch vor der Webcam.

9.2 Technik und Körpersprache – So setzen Sie sich ins rechte Licht

Eigentlich ist es gar nicht so schwierig, die Technik optimal für eine professionelle Online-Präsentation zu nutzen, wenn Sie ein paar Grundsätze beachten. Mit ein paar einfachen Tipps erhöhen Sie Ihre Wirkung um ein Vielfaches und tragen dadurch zum Gelingen von Online-Meetings bei. Sehen wir uns die Tipps zu Technik und Körpersprache einmal an.

Tipps zur Technik und Körpersprache

Tipps zur Technik

- **Licht von vorne**: Am besten eignet sich diffuses, weiches Licht (Tageslicht oder geeignete Lampen mit Schirm). Zur Not Deckenstrahler, die einigermaßen gleichmäßiges Licht im Homeoffice herstellen. Für Profis oder Gadget-Freaks: richtige Fotolampen mit Reflektorschirm oder weiße Schirme. Es muss nicht gleich die große Softbox sein.
- **Voll im Bilde**: Kameraausschnitt gut nutzen und nicht zu viel Luft nach oben verschenken, sonst wirken wir kleiner, als wir sind (und damit womöglich auch unsere Botschaften). Lieber ein paar Hemdknöpfe mehr

zeigen, dann ist am unteren Bildrand auch mal Gestik zu sehen. Der Kopf darf am oberen Bildrand „anstoßen".

- **Augenhöhe** : Laptop höher platzieren (auf ein Stativ oder einen Stapel Bücher), damit die Webcam nicht von unten in die Nasenlöcher filmt und wir gerade in die Kamera schauen können.
- **Hintergrund**: Realer Hintergrund: nicht zu unruhig und am besten mit Raumtiefe. Etwas persönliche Note (z.B. Topfpflanze, Bücherregal oder Gitarre) ist besser als kahle Wand. Virtuelle Hintergründe brauchen mehr Rechenleistung. Ob schlicht oder verspielt ist Geschmackssache. Jedenfalls brauchen wir gutes Licht sonst werden immer wieder Konturen abgeschnitten (Frisur).
- **Mikrofon**: Meist liefern die integrierten Computer-Mikrofone einen brauchbaren Sprechton. Wer häufiger online geht, sollte sich ein gutes Headset zulegen. Vorsicht: Die meisten achten auf bequeme Kopfbügel, dabei ist die Qualität des Mikrofons wesentlich wichtiger. Das Mikrofon nicht zu hoch (nasal) oder zu nah am Mund (Zisch- und Popplaute) platzieren. Auch die Lippen nicht verdecken (Labialbewegungen mitlesen können ist ein wichtiger Aspekt des akustischen Verstehens). Mikro am besten leicht unterhalb des Kinns, dann wird auch die Brustresonanz mit übertragen.
- **Kamera an**: Viele fühlen sich wohler, wenn sie nicht im Fokus stehen. Doch persönliche Verbindung und Ansprache klappen viel besser, wenn wir uns sehen. Daher: Kamera an, so oft wie möglich. Wenn wir zwischendurch mal auf Notizen schauen, stört das nicht. Lieber sehen wir einen lebendigen Menschen im Bild als nur Folien. Zudem ist es nur für die auditiven Lerntypen leicht, sich allein auf eine Stimme zu konzentrieren. Die visuellen Lerntypen, die die Mehrheit darstellen, können besser folgen, wenn die sprechende Person auch zu sehen ist.
- **Profi-Technik**: Wer oft und auf hohem Niveau online spricht, sollte die Anschaffung einiger Dinge in Betracht ziehen, die den Bildschirm-Auftritt professioneller machen. Ein Green Screen ermöglicht saubere, virtuelle Hintergründe. Vorteilhaft vor allem dann, wenn das eigene Büro oder Wohnzimmer nicht gezeigt werden soll oder die Einrichtung nicht zum Inhalt passt. Beleuchtungssets mit Fotolampen, Stativen und Diffusions-Schirmen leuchten uns gleichmäßig aus. So etwas gibt es schon für kleines Geld. Hier ist der Nachteil der ständige Auf- und Abbau, wenn man das Equipment nicht dauerhaft stehen lassen kann. Wer viel mit weiteren Medien (Videos, Fotos, Folien usw.) arbeitet oder unterschiedliche Kameraperspektiven zeigen möchte (z. B. bei Interviews), der kann sich die Anschaffung eines kleinen Bildmischers überlegen (z. B. ATEM Mini). An so ein Gerät können mehrere Kameras angeschlossen werden. Im Live Stream oder bei der Aufzeichnung kann dann zwi-

schen verschiedenen Perspektiven umgeschaltet werden, teils mit schicken Übergängen und Effekten.
Tipps zur Körpersprache vor der Webcam

- **Haltung:** Setzen Sie sich aufrecht und bequem hin, damit Sie in der Hüfte beweglich bleiben (Sitzball?) und bei längeren Calls nicht steif im unteren Rücken werden. Wer ein Stehpult hat, ist im Vorteil. Stehend haben wir freiere Atmung, mehr Stimmresonanz und Energie. Doch auch auf einem Stuhl ist es möglich, sich aufzurichten und klare Haltung zu zeigen.
- **Stimme:** Um die fehlende physische Präsenz auszugleichen, sollten Sie mit kräftiger Stimme sprechen. Langsam und deutlich artikulieren, nicht immer ist das Audio störungsfrei. Vermeiden Sie zugleich den ICE-Effekt: Bei Telefonaten im Zug schreien viele ins Handy, weil die Umgebungsgeräusche hoch sind und sie sie instinktiv übertonen wollen. Dabei ist das Mikrofon (und damit das Ohr unserer Gesprächspartner) direkt vor unserem Mund.
- **Augenkontakt:** Beim Zuhören können wir wie gewohnt *auf* den Bildschirm blicken. Aber beim Sprechen sollten wir ab und zu in die Webcam *über* dem Bildschirm schauen. Das muss nicht die ganze Zeit sein, aber bei wichtigen Stellen (z. B. Vorstellungsrunde, erste Wortmeldung) sollten Sie *in* die Kamera schauen, damit eine echte Verbindung entsteht. Trick: Schieben Sie die Video-Miniaturen der anderen Teilnehmer wenn möglich an den oberen Bildrand, dann geht der Blick wenigstens fast in die Kamera, wenn Sie die Gesichter der anderen anschauen.
- **Gestik:** Vermeiden Sie zu schnelle Bewegungen, denn das überfordert die meisten Webcams und wir sehen nur Schlieren übers Bild huschen. Wenig, aber gezielte Gestik unterstreicht das Gesagte und macht den Bildschirm-Kontakt plastischer und lebendiger. Die Hände müssen dabei nicht voll im Bild sein. Was wir nicht sehen, ergänzen wir imaginär.
- **Abstand halten:** Wippen Sie nicht vor und zurück (das Äquivalent zum „Herumtigern" auf der Bühne). Achten Sie darauf, dass Gestik nur *neben* den Schultern stattfindet. Die Linse macht alles, was näher ist, überproportional groß. Gestikulieren wir Richtung Kamera, können die Hände grotesk aussehen.

Interaktion – Teilnehmer einbinden

Auch online präsentieren sollte nicht betreutes Lesen oder Solo-Vortrag sein. Chat, Whiteboard, Breakout-Räume, Polls, Emojis – die meisten Programme bieten einige Möglichkeiten für Dialog. Viele nutzen sie kaum. Oder immer die gleichen. Abwechslung hält die Teilnehmer*innen bei der Stange. Es lohnt also zu überlegen, wann Sie welches Tool sinnvoll einsetzen können. Geschlossene Fragen sind ein einfaches Mittel, um eine schnelle Rückmeldung zu bekommen („Wer hat das schon mal erlebt? Klickt auf den Smiley!") und um zu sehen, wer noch an Bord ist. Auf Whiteboards können Stichworte oder Ideen gesammelt und als Datei abgespeichert werden. Der Chat bietet sich für Feedback an. In Breakouts können Kleingruppen diskutieren; so werden auch die Introvertierten eingebunden. Umfragen, Videos und Bildschirm teilen sind weitere Möglichkeiten methodischer und visueller Abwechslung.

9.3 Seminar oder Webinar?

Online finden nicht nur Meetings, sondern vermehrt auch Workshops, Trainings und Seminare statt. Hier ist die Herausforderung, das, was wir mit den Menschen im physischen Raum machen, sinnvoll in den virtuellen Raum zu übertragen. Meine Erfahrung: Wer online nicht interaktiv arbeiten kann, hat es auch offline nicht drauf. Wer als Online-Host nicht interaktiv vorgeht, weiß nie, ob wirklich noch alle dabei sind – oder sich gerade einen Kaffee holen. Denn nichts ist weniger aktivierend als ein Online-Monolog. Daher sollten wir echten Dialog herstellen, wann immer es geht. Für kurze Rückmeldungen ist der Chat prima. Doch lebendiger sind Audio-Wortmeldungen. Daher auch bei großen Gruppen keine Scheu, die Teilnehmer*innen immer wieder etwas mündlich beitragen zu lassen: Stummschaltung aus und los! Je mehr Stimmen wir hören, desto eher fühlt es sich fast wie ein Präsenzmeeting an und bleibt trotzdem effektiv, wenn wir vereinbaren, dass sich alle kurz fassen. Wenn es zum Kontext passt, lasse ich auch mal alle die Mikrofone aktivieren, um zu klatschen. Da, wo es im echten Seminar Applaus gäbe, möchte ich ihn auch online hören – ersetzt zwar nicht ganz den physischen Warm-up, aber dann haben alle zumindest mal mehr bewegt als nur den Mausfinger.

Von der Verwendung des Wortes Webinar rate ich übrigens ab. Zum einen hat sich ein findiger Geschäftsmann diesen Begriff schützen lassen und es soll vereinzelt zu Abmahnungen kommen. Zum anderen gab es in den letzten Jahren so viele und schlechte Gratis-Webinare, dass der Ruf dieses Formats nicht der beste ist. Man denkt an eine virtuelle Folienschlacht mit dünnem Inhalt, die in erster Linie als Köder für weiteren Verkauf dient (Sales Funnel füllen). Das sollte mit den Tipps in diesem Kapitel besser gehen. Abgesehen von der etwas eingeschränkteren Körpersprache gilt alles, was in den anderen Kapiteln gesagt wurde auch online:

> Hab klare Botschaften und gute Dramaturgie, zeig Leidenschaft fürs Thema und sprich aus dem Herzen – dann fühlt sich der Video Chat fast an, wie ein persönliches Gespräch im Raum.

Zusammengefasst

* Online-Meetings haben Vor- und Nachteile.
* Licht, Ton und Bildausschnitt sind der erste Eindruck.
* Mit wenig Aufwand ist viel Verbesserung möglich.
* Interaktivität macht dröge Videokonferenzen lebendig.

10

Umsetzung: vom Kennen zum Können

Zusammenfassung Im letzten Kapitel dieses Buches geht es darum, wie Sie sicherstellen können, dass Sie die für Sie wichtigsten Anregungen auch tatsächlich umsetzen und Ihr Potenzial als Kommunikator ausschöpfen. Das brechen wir auf drei Phasen herunter: Störsignale vermeiden, Stärken ausbauen, Wirkung erweitern. Denn die Umsetzung kann logischerweise erst bei den nächsten Präsentationen stattfinden. Dazu bekommen Sie Tipps, wie Sie auch ohne Coach an Ihrer Seite an sich arbeiten können. Zuletzt fragen wir uns, wie auch sehr erfahrene Präsentatoren sich noch von gut zu großartig entwickeln können.

10.1 Don't prove yourself. Improve.

Wer in diesem Buch hier angekommen ist, ohne ganze Abschnitte zu überspringen, hat eine Menge Tipps zu Körpersprache, Aufbau, Dramaturgie, Nervosität, Verbindung und Fragerunden bekommen. Der Job

Ergänzende Information Die elektronische Version dieses Kapitels enthält Zusatzmaterial, das berechtigten Benutzern zur Verfügung steht https://doi.org/10.1007/978-3-658-30660-1_10. Die Videos lassen sich mit Hilfe der SN More Media App abspielen, wenn Sie die gekennzeichneten Abbildungen mit der App scannen.

© Springer Fachmedien Wiesbaden GmbH, ein Teil von Springer Nature 2021
D. U. Schott, *Souverän präsentieren – Die erste Botschaft bist Du*,
https://doi.org/10.1007/978-3-658-30660-1_10

des Autors ist damit erledigt, ab jetzt sind Sie selbst dafür verantwortlich, das ein oder andere auch umzusetzen. Was zuverlässig nicht funktionieren wird ist, sich für die nächste Präsentation vorzunehmen, auf sieben Dinge zu achten. Das heißt, vornehmen kann man sich das schon. Man wird es nur nicht umsetzen können. Also: wie kommen wir vom Kennen zum Können?

> Der gute Vorsatz ist ein Gaul, der oft gesattelt und selten geritten wird.

Wenn Sie mit Worten mehr erreichen möchten, müssen Sie sich jetzt fragen: Wo setze ich zuerst an? An welcher der genannten Stellschrauben zu drehen wird bei mir die größte Wirkung haben? Von den Körpersprache-Parametern Blickkontakt, Haltung, Gestik und Stimme sollte man nicht alle gleichzeitig verstellen. Das wäre zu auffällig und könnte uns so aus der Spur werfen, dass nichts besser wird. Lieber eins nach dem anderen angehen. Oder wollen wir erst besser vorbereiten, Relevanz herstellen, an der Dramaturgie feilen? Was auch immer: Machen Sie es Schritt für Schritt. Und jede Veränderung fühlt sich zunächst ungewohnt an. Einen neuen Trampelpfad in uns anzulegen, dauert. Erst nach längerer konsequenter Anwendung wird aus dem neuen Verhalten eine Gewohnheit, über die wir nicht mehr weiter nachdenken müssen.

Was die Arbeit an der Körpersprache anbelangt, schlage ich weiter unten eine bewährte Reihenfolge des Vorgehens vor. Für den letzten Schritt brauchen Sie professionelle Begleitung – am besten einen erfahrenen Präsentations-Coach. Die Schritte 1 und 2 können Sie auch alleine angehen. Dazu brauchen Sie nur ein Smartphone (oder eine Videokamera) und den Mut, sich präsentierend aufzunehmen und sich das wohlwollend und konstruktiv selbstkritisch anzuschauen. Da wir einen Großteil unserer Sinnesreize visuell aufnehmen, sind wir teils schlechte Zuhörer und lassen uns zu sehr von Äußerlichkeiten blenden – oder *sehen* vor allem, was uns nicht gefällt. Daher der Tipp, auch mal nur zu hören: Was macht die Stimme? Moduliert sie natürlich oder leiert sie monoton? Betone ich an sinnvollen Stellen? Und vor allem: Mache ich auch Pausen? Dann umgekehrt: Mal den Ton stumm schalten und nur gucken. Wie stehe ich da? Fest oder unruhig? Wirkt die Gestik hektisch oder ruhig? Abweisend oder einladend? Passiert etwas im Gesicht, womöglich lebendige Mimik? Wir kennen nur unser Spiegelbild morgens im Bad (oft nicht so schmeichelhaft) oder Fotos von uns. Wir sind es nicht gewohnt, uns im Bewegtbild zu sehen. Studieren Sie sich, wie eine interessante, gerade erst entdeckte Spezies. Schreiben Sie sich alle Stärken und alle Verbesserungspotenziale auf, so als würden Sie pro Stichwort Geld bekommen. Dann priorisieren Sie: was sollte diese Person als erstes ändern?

1. Schritt: Störsignale beseitigen

Hier liegt das Potenzial für die schnelle, sichtbare Verbesserung, die „low hanging fruit" unter den Selbstentwicklungsfrüchten. Hören wir auf, herumzutänzeln und stehen ruhiger, ändert sich die Außenwirkung dramatisch – und wir haben nur an *einer* Stellschraube gedreht. Das größte Störsignal ist das, welches wir schon innerhalb einer Minute als ablenkend empfinden. Fragen Sie sich: Was sollte diese Person dringend verändern, damit man ihr besser zuhören kann? Sie können sich das auf ein Post-It schreiben und das mit in die nächsten Termine nehmen um sich daran zu erinnern. Noch besser: Sie erzählen einer vertrauten Person, dass Sie daran arbeiten wollen und bitten diese, darauf zu achten und Rückmeldung zu geben. Die effektivste Variante: Ein Kollege sitzt in der ersten Reihe wenn Sie präsentieren und macht jedes Mal ein Geheimzeichen (z. B. mit dem Kugelschreiber klicken) wenn Sie in ihr altes Muster fallen (z. B. zu schnell sprechen oder zu oft „letztendlich" sagen). Sie werden das sofort hassen und sich anstrengen, das Störsignal abzustellen, weil Sie dieses Signal nicht mehr hören wollen. Zugegebenermaßen ist es leichter, sich etwas Negatives abzutrainieren (zu oft „äh") als sich etwas Positives anzutrainieren (z. B. mehr Augenkontakt).

2. Stärken ausbauen

Wenn die Störsignale beseitigt sind, dann wollen wir Stärken stärken. Wir sollten nicht immer nur an uns herumkritteln und die Fehler finden, sondern auch analysieren: Was machen wir denn gut? Welche Stellschraube bedienen wir auf passablem Niveau? Ist da etwa ein bisschen Gestik zu sehen? Mehr davon! Wir haben große, freundliche Augen und man kann gut Verbindung mit unserem Gesicht herstellen? Noch mehr

Augenkontakt! Haben wir an einigen Stellen ein Wort gut betont? Sehr gut, wir wissen offenbar schon, wie das geht. Öfter einsetzen! Das sollte uns nicht schwerfallen. Wir machen ja nichts Neues, nur mehr vom Guten. Die typische Falle hier ist uns unsere unzuverlässige Eigenwahrnehmung. Wenn wir uns fest vornehmen, langsamer und deutlicher zu sprechen, kann es sein, dass die Aufnahme zeigt: Die Sprechgeschwindigkeit hat sich minimal verringert. Diesen Abgleich zwischen eigener Einschätzung und Videobeweis brauchen wir u. U. oft (und immer wieder), bis Eigen- und Fremdwahrnehmung einigermaßen deckungsgleich sind. Nochmals die Faustregel: Wenn es sich übertrieben anfühlt, ist es meistens in der Außenwirkung richtig.

3. Wirkung erweitern

Die Komfortzone verlassen wir erst jetzt. Und zwar schrittweise. Nicht springen, sonst landen wir nicht in der Wachstums-, sondern in der Panikzone (s. Abb. 10.1). Wachstum findet nicht zwei Meilen außerhalb statt, sondern an den Rändern. Wir durchbrechen unser Kommunikati-

Abb. 10.1 Komfortzone. (Mit freundlicher Genehmigung von © Martin Cambeis 2018. All Rights Reserved)

Körpersprache & Präsentation

Nervös?

Ändere Dein Mindset!

Abb. 10.2 Video 7: Lampenfieber und Mindset (https://doi.org/10.100 7/000-20a)

onsmuster. Was ist meine typische Haltung, meine Lieblingsgestik, die Stimmlage, in der ich immer spreche? Kurz: Was ist mein Default-Mode? Das können wir üblicherweise bei anderen besser erkennen als bei uns selbst. Daher sollten wir hier mit einem guten Coach arbeiten. Wenn wir unsere eingetretenen Pfade verlassen, erweitern wir unser Ausdrucksrepertoire und entfalten mehr Wirkung als Redner oder Präsentatorin. Wir suchen bewusst den Kontrast zu unserem typischen Vortragsstil. Jetzt werden die Lautsprecher mal leise, die Flüsterer mal laut. Immer nur an einer Stellschraube drehen, denn Konzentration auf Inhalt *und* Vortragsweise fällt oft schwer. Erst bei sich sein, einen Gedanken fassen. Dann ganz bei den anderen sein und sie berühren. Denn das ist ja das Wesentliche: unser Inhalt und die emotionale Verbindung zu den Zuhörern. Es geht nicht um uns. Siehe dazu auch den Appell in Video 7 (Abb. 10.2).

10.2 Raus aus dem Präsentationsmodus

Das letzte Plädoyer in diesem Buch geht an die erfahrenen und routinierten Kommunikatoren. Viele präsentieren auf sehr hohem Niveau. Toller Blickkontakt, fester Stand, die Gestik passt und die Stimme betont an den richtigen Stellen. Sie wissen, was sie tun. Es sieht mühelos aus, und sie scheinen mit jeder Situation umgehen zu können. Regelmäßig bekommen sie sehr gutes Feedback auf ihre Auftritte. Mancher denkt: So möchte ich das auch können.

Das ist die größte Falle. Denn jetzt bleibt die Weiterentwicklung stehen. Alle bescheinigen uns, dass man es kaum besser machen kann. Sicher, uns ist bewusst, dass man immer dazulernen kann, aber offen gestanden, wir wüssten auch nicht mehr, wo und wie. Es drängt sich kein Handlungsbedarf auf, es springt kein Verbesserungsfeld ins Auge. Hier ist es. Es lautet: Verlassen Sie den Präsentationsmodus! (Abb. 10.3).

Handbremse lösen, Maske fallen lassen und Schutzfilter entfernen. Nackt und ungeschminkt vorne stehen. Lassen Sie nicht mehr zu, dass Sie Ihre Kraft und Verletzlichkeit hinter einer gekonnten und geglätteten Rhetorik verstecken. Wo sind die Ecken und Kanten? Sie zu zeigen, ist die große Kunst. Dem Routinier würde es leichtfallen, einige kontrolliert

Die Maske abnehmen

Abb. 10.3 Maske. (Mit freundlicher Genehmigung von © Martin Cambeis 2018. All Rights Reserved)

nach außen zu kehren. Aber das wäre wieder nur Show. Es muss fast wehtun.

Ein geschliffener Auftritt ist großartig. Aber wenn es zu perfekt ist, berührt es keinen mehr. Werden Sie wieder zum Rohdiamant, der Sie mal waren. Er steckt noch in Ihnen. Ihn zu zeigen, in all seiner Nicht-Perfektion und Schönheit, erfordert Mut, Offenheit und Selbstvergessenheit.

Neulich habe ich die Rede einer Frau erlebt, die davon erzählt hat, wie die Land-Bäckerei ihrer Familie fast Pleite gegangen wäre. Sie hatte Teile ihrer Rede vergessen, ist ein paar Mal über die Grammatik gestolpert und war sichtlich nervös. Aber sie hat lebendig erzählt, mit Details und konkreten Bildern. Sie war ganz in ihrer Geschichte, denn es war ihre eigene Geschichte. Sie war ganz bei sich, und dadurch konnten wir ganz bei ihr sein. Sie war großartig. Sie hat alle berührt. Sie war echt.

Eine Katze, die sich an ihre Beute heranschleicht, ist ein faszinierender Anblick. Wie erzielt sie diese Grazie? Durch Selbstvergessenheit. Sie guckt nicht in den Spiegel und prüft, ob sie gerade eine gute Figur abgibt. Sie ist mit jeder Faser ihres Wesens auf diesen Moment und die Beute fokussiert. Die größte Wirkung erreicht, wer nicht auf Wirkung bedacht ist, sondern voller Aufmerksamkeit spricht; wer ganz beim Gegenüber ist – und nicht bei den eigenen Wünschen und Zielvorstellungen.

Forget yourself! Wenn Ich ausgehe, geht Gott ein, sagte der mittelalterliche Mystiker Meister Eckart. Auf Reden übertragen heißt das: Geh aus dir raus, dann kann Inspiration in dich ein- und wieder aus dir herausströmen. Das Ich ist da oft im Weg. Das Ich soll vorher seine Hausaufgaben machen und dann den Weg freigeben für Qualitäten, die nicht primär aus dem Kopf kommen: Begeisterung, Empathie, Charisma. Vor allem wollen wir anderen unsere Ideen nicht eintrichtern (okay, manche wollen genau das). Wir wollen einen Raum öffnen, in dem andere unserer Idee begegnen können als wäre es ihre eigene. Denn keine Idee ist wirklich neu – wenn wir sie „haben", lag sie längst in der Luft. Wir haben sie vielleicht als Erster gepflückt, aber auch für alle anderen ist sie bereits spürbar, wenn sie reif ist. Wir sind nicht der Urheber, nur der Vermittler. Wir schenken sie anderen. Wir geben und dienen.

Worte können die Welt verändern

Aber nur wenn die Welt zuhört. Es ist wie beim Telefonieren: Ohne Verbindung geht nix. Wenn die Verbindung steht und ich mich auf mein Gegenüber einstelle, wenn ich zudem auf die passende Körpersprache achte, auf Struktur und Dramaturgie – dann haben meine Worte eine gute Chance, auf fruchtbaren Boden zu fallen. Dann sind meine Gedanken Samen, die aufgehen und wachsen können. Doch Vorsicht, damit geht auch eine große Verantwortung einher für das, was ich aussende.

Vor einigen Jahren habe ich auf einer Bahnreise Tee bestellt. Der nette Zugbegleiter brachte mir das Getränk an meinen Platz und ich bezahlte. Beim Geben des Wechselgeldes fragte er plötzlich: „Sie wollten schon Zucker drin, oder?" – Darauf ich: „Äh, nein, eigentlich nicht." – Er: „Oh. Dann einfach nicht umrühren."

Unsere Worte sind wie Zucker im Tee. Einmal ausgesprochen, können wir sie nicht mehr zurückholen. Sie entfalten ihre Wirkung. Hoffentlich die richtige!

Zusammengefasst

* Auch den längsten Weg der Weiterentwicklung gehen wir Schritt für Schritt.
* Die drei Phasen der Umsetzung vom Kennen zum Können sind: Störsignale vermeiden, Stärken ausbauen und Wirkung erweitern.
* Einiges können wir selbst vor dem Spiegel üben. Anderes besser mit einem Coach.
* Die Königsklasse: direkt aus dem Herzen sprechen.

The manufacturer's authorised representative in the EU is Springer
Nature Customer Service Centre GmbH, Europaplatz 3, 69115 Heidelberg,
Germany. If you have any concerns regarding our products, please
contact ProductSafety@springernature.com

Printed and bound by CPI Group (UK) Ltd, Croydon, CR0 4YY

28/04/2026

02098491-0005